파괴할 수
없는 것

안희정 캠프 막내 사무원이 본 페미니즘 광풍 5년,
그리고 여전한 진실공방

파괴할 수 없는 것

초판 1쇄 발행 · 2023년 6월 19일

지은이 권윤지
펴낸곳 오프로드
펴낸이 우영창
디자인 김경일
표지그림 권윤지

출판등록 제 2022-000122 호 (2022. 10. 26)
주소 (13517) 경기도 성남시 분당구 야탑로 102 뉴젠빌 521호
대표전화 010 4615 7651
e-mail dookj14@naver.com
웹사이트 https://dookj14.wixsite.com/searchjeonbok

ISBN · 979-11-980874-0-9(03300)

· 비상업적 용도에 한해 내용 일부 인용 및 이미지 복사·전송 가능합니다.
· 값은 뒤표지에 있습니다.
· 잘못된 책은 구입하신 서점에서 바꾸어 드립니다.

들어가는 말

　인권을 팔아 반인권을 실현하는 이들에게 이 책을 바칩니다.
지난 5년간 시민들은,
인권과 정의를 팔아 자신의 야욕을 채우려는 존재들에게 착취 당해왔습니다.

　타인의 고통을 연민하는 인간은 숭고하지만,
근거도 불분명한 피해를 호소하는 이를 무작정 연민하라고, 특정인을 마녀사냥하라고 명령하는 무리는 위험합니다.

　저는 이 책을 통하여, 그 누구의 기망에도, 그 어떤 열악한 상황에도 파괴할 수 없는 것에 대해 말하고 싶습니다. 인간에 대한 편견 없는 연민과 사랑, 공감의 가치는, 그것들의 본질은 변하지 않습니다.
　저는 이 책을 통해, 페미니즘 광풍과 검찰 독재로 인해, 또 무책임했던 당시 여당에 의해 끊어진 진보주의의 명맥을 다시 기억하게 해주고 싶습니다.

진실은 영원하며 인간사는 복잡합니다.

이 책은 촛불혁명부터 윤석열 정부 집권까지의 5년을 돌아보며, 페미니즘 광풍에 대한 다각도의 분석을 축으로 하여
어떤 상황에서도 우리가 지켜내야 할 가치가 무엇인지, 앞으로의 미래는 어떻게 헤쳐나가야 할지 독자 여러분과 함께 생각해보고자 합니다.

'파괴할 수 없는 것'은 인간이 가진 양심, 직관, 연민, 사랑 등을 의미합니다. 이러한 것들은 제3의 생명처럼, 또 하나의 심장처럼 스스로 움직이면서, 세상을 보는 진실된 시각을 찾아준다고 저는 믿습니다.

저는 안희정 캠프 막내 멤버로서, 지난 5년간 벌어졌던 정치 이슈들을 지켜보았습니다. 책을 쓰기 위해 무고 피해자와 성폭행 피해자들을 만나기도 했습니다.

선과 위선, 진실과 거짓, 증오와 사랑, 악과 올바름에 대한 제 여정에 함께하시겠습니까?

차례

들어가는 말 · 004

1. 우리는 어떤 세상에 살고 있는가

2023 대한민국, 우리는 어떤 세상에 살고 있는가? · 012

페미니즘과 진보주의 그리고 아마추어리즘 · 015

청년의 미래 - 어쨌든 새로운 세대는 오고 있다 · 026

2. 페미니즘이 바꾸어 놓은 사회 분위기

과거로 돌아갈 수도, 미래로 나아갈 수도 없다 · 036

페미니즘 문화혁명 · 046

정상 가족과 페미니즘 -
진정한 주체성과 인간의 존엄성을 고민해야 한다 · 053

'여적여', 여자의 적은 여자이다 · 060

3. 2016-2018 촛불혁명의 미학을 기억하는가

촛불 광장의 추억 · 064

'민주적 공론장'의 양가성 · 072

촛불혁명과 페미니즘 - 의도되지 않은 파시즘의 출현 · 076

문재인 정부의 짧은 황금기와 부조리한 추락 · 080

나는 안희정 캠프의 막내, 마지막 참모였습니다 · 092

4. 2018년 3월 5일, 안희정 사건

2018. 3. 5. 인터뷰 당일 · 100

인터뷰 이후 며칠 - 천사와 악마의 환영들 속에서 · 110

진실을 찾는 여정을 시작하다 · 115

안희정 사건을 둘러싼 진영논리와 정치적 이슈들에 대하여 -
당시 정치상황에 관하여 안희정 지사와 주고받은 서신들 · 131

5. 정치적 미투, 가장 고요하고 가장 잔인한 광풍

어느 여성계 인사와의 대화 · 162

피해자다움과 2차 가해 논쟁에 대하여 · 165

페미니즘은 인문학이다
- 피해자 중심주의, 성인지 감수성, 2차 가해 개념의 본질적 의미와
오.남용 양상에 대하여 · 172

헛 똑똑이 나라 · 182

진보주의의 아이러니 · 184

진보주의의 영웅들을 추억하며 · 194

6. 퇴행하는 사회를 저지해야 한다

잘못된 방향으로 쏘아진 정의의 화살 · 200

진보주의와 진보정신, 빈사 상태에 빠지다 · 204

페미니즘 진영과 586세대의 기묘한 관계 · 213

7. K-페미니즘과 미투 운동, 젠더 갈등에 대한 분석

대한민국에서 미투의 초상은 어떠한가 · 218

페미니즘? K페미니즘!
-한국형 페미니즘과 젠더문제에 대하여(죄인 취급받게 된 MZ세대 남성들) · 225

8. 엘리트의 원죄 - '현재형 진보'를 찾아서

펜과 권력과 돈, 그리고 청년들 · 240

새로운 진보주의는 가능한가 · 246

나는 어떻게 진보주의자가 되었는가 · 250

MZ세대와 진보주의 · 259

모든 사람에게는 양심이 있다 · 263

9. 초기 미투의 작은 영웅들을 추억하며 - 서지현 검사와 이윤택 고발자들

진정한 의미의 미투는 무엇인가 · 270

진짜 미투와 가짜 미투의 차이점에 대하여 · 274

권력의 꽃을 겨냥한 서지현 검사의 미투는 실패했다 · 278

이윤택 미투, 끝없는 슬픔 · 287

10. 폭력이란 무엇인가

인간주의적인 책을 쓰고 싶었습니다 · 300

A의 이야기 · 303

책을 마치며 · 314

1
우리는 어떤 세상에 살고 있는가

과거의 혁명가들은 코딩도 할 줄 모르고, 앱 개발도 못 한다. MZ세대들은 이들을 고리타분하게, 고리타분을 넘어 어쩜 괘씸하게 여기는 것 같다. 민주당에 대한 청년층의 비공감적 태도와 단절감, 거부감은 표면적으로는 정치적 이슈 때문이지만, 이면적으로는 앞서 내가 분석한 시대적 분위기의 지체 현상 – 일종의 문화지체현상- 때문일 수 있다.

K-페미니즘은 다르다. 우리의 일상 아주 가까이에서 지금도 보이지 않는 폭력을 행사하는 조용한 혁명이다. 만약 우리가 미투라는 이름으로 진행되고 있는 사회적 죽음에 직접적이거나 간접적으로 연루되기라도 하면, 우리가 지금까지 살아온 모든 것, 살기 위해 기울였던 모든 노력, 우리가 쌓아온 모든 커리어는 망가지게 된다.

2023 대한민국, 우리는 어떤 세상에 살고 있는가?

2023년 대한민국, 우리는 어떤 세상에 살고 있는가?

· 우리는 페미니즘 광풍이 휩쓸고 지나간 시대에 살고 있다.

· 우리는 김대중. 노무현 정신으로 상징되는 진보주의의 명맥이 끊어진 시대에 살고 있다.

· 우리는 퇴화된 남성성과 왜곡된 여성성의 거세된 시민들로 살고 있다.

오늘도 우리의 일상은 지속되고 있다. 우리의 일상은 바쁘고, 사무실 건물들은 견고하며 가로수들은 상쾌하다. 우리가 관심을 갖는 사회 문제는 집값, 주가, 직장생활 등 우리의 삶과 직결된 문제들이 대부분이다. 뉴스와 신문 지면을 장식하는 수많은 이슈들은, 정장 입은 직장인들의 커피를 든 스몰 토크 속에서, 마치 공중으로 증발하듯 그날 그날의 풍경 속으로 녹아 들어간다.

이제 우리는 시민 혁명군이 아니며, 설사 과거와 같은 형태의 과격한 시민 혁명을 꿈꾸는 이라도 생업에 먼저 치중해야 한다. 열사들의 억울한 죽음은 국경일이나 특별한 행사가 있는 날, 잠깐의 환영처럼 떠오를 따름이다.

우리는 타인의 고통에 신경 쓰고 아파하기보다는, 당장의 업무 전화와 한 시간 앞으로 다가온 미팅, 그리고 카드 결제대금이 더 중요한 세상에 살고 있다. 더불어 평생을 매일매일 배우자와 자식을 돌보아야 한다. 야심한 밤, 펄펄 끓는 내 아이의 고열은 전태일 열사의 분신보다 아프다. 겉으로 보았을 때 대한민국의 삶의 질은 그리 나쁘지 않아 보이지만, 각각의 가정들은 나름대로 각박하고, 거대한 도시는 정신없이 바쁜 시민들의 일상적 시간들, 골목마다 버려진 담배꽁초, 호프집을 날아다니는 맥주잔들로 가득하다.

그러나 2016년부터 현재까지도 유행하는 K-페미니즘은 다르다. 우리의 일상 아주 가까이에서 지금도 보이지 않는 폭력을 행사하는 조용한 혁명이다. 만약 우리가 미투라는 이름으로 진행되고 있는 사회적 죽음에 직접적이거나 간접적으로 연루되기라도 하면, 우리가 지금까지 살아온 모든 것, 살기 위해 기울였던 모든 노력, 우리가 쌓아온 모든 커리어는 망가지게 된다. K-페미니즘은 모든 남성들에게 일상적 두려움을 안겨주고 있으며, 직장에서, 거리에서 또는 지하철에서 부딪힐 수도 있는 어떤 익명의 여성의 얼굴로, 소리 없는 위협을 가해오고 있다.

이러한 '평범한' 세상에, 군부독재 시절 시가지를 달구었던 혁명의 열기 대신, 이제는 미투와 성범죄 무고 남발, 남성혐오로 점철된, 한국형 페미니즘이라는 일종의 새로운 문화가 서늘하고도 촘촘한 그물을 던져 놓고 있다. 우리 중 누군가는 거기 걸려들 운명에 처해 있다. 개인적 파멸과 함께 때로는 감옥행을 예고하는.

페미니즘과 진보주의 그리고 아마추어리즘

원래 페미니즘은 진보주의의 일환이었고, 진보운동의 중요한 한 축을 담당했었다. 그러나 K-페미니즘은 그렇지 않다. K-페미니즘은, 보수도 진보도 아닌 제3의 진영으로서, 성인지 감수성과 피해자 중심주의로 대표되는 그들만의 권력을 추구할 따름이다.

"진보주의" 하면 어떤 이미지가 떠오르는가?

열광하는 관중, 탄압받는 민중, 광화문 광장, 노란 물결이 떠오르는가? 불법 정치 자금과 뇌물 수수도 한 번씩 떠오르는가? 혹자는 '종북'이나 '빨갱이', '북한에 나라를 갖다 바치는 놈들'을 떠올릴 수도 있겠다. 진보주의에 관하여 대중이 갖고 있는 인상들은 다양하지만, 이 다양한 이미지들을 관통하는 맥이 있다면, 아마도 '변혁에 대한 갈망과 더 좋은 세상을 향한 희망'일 것이다.

과거의 정치인들은 뛰어난 연설가들이었다. 이들의 연단에는 20세기 유럽의 정치적 격변기, 거물급 정치인들이 대중을 열광하게 했던 (좋은 의미의) 선동적 발언의 유산이 남아 있다. 그들은 대중의 폭발적 감정에 깃든 분노와 희망을 움직여 정치적 힘을 이끌어냈고, 기념비적 연설들과 역사적 순간들을 남겼다.

그러나 지금 우리는 공동체 구성원으로서의 감정, 특히 역사의식으로부터 나오는 비장한 감흥을 느낄 여유를 가진 사람이 별로 없는 것 같다. 우리는 과거와는 다른 방식으로 소외되었다. 우리는, 그리고 현재의 정치인들은 더 이상 감정과 분노로 먹고사는 사람이 될 수 없고, 되어서도 안 된다. 혁명 대신, 정의와 불의, 그리고 정의라는 미명으로 나타나는 부조리 현상들에 대한 예민한 각성이 우리에게 필요하다고 나는 말하고 싶다.

물론 개인적 차원에서, 우리 각자가 겪었던 과거의 어떤 트라우마틱한 사건이나, 또는 혼자만이 아는 슬픈 정서에 깊이 젖어들 수도 있다. 그러나 그것이 결코 우리의 일상을 대체하지는 못한다. 우리는 환희, 분노, 비애, 연민 등의 정서를 인생의 전경 前景에 두기 어려운 삶을 살고 있다. 오히려 그것들은 각자가 홀로 견뎌내야 하는 인생의 배경색 같은 것이 되었다. 즉 우리의 분노는 사회의 협조를 받을 수도, 국가의 어떤 헤게모니를 형성할 수도 없다. 그것이 MZ세대가 처한 정치적이고 사회적인 환경이고, 비단 MZ세대가 아니더라도 이 나라에서 정치적 발언을 '제대로' 하고자 하는 사람들이 처한 모순적 상황이기도 하다.

민주화 혁명의 시대에는, 민중들의 분노 그리고 당시 유행하던 사회고전 탐독 과정에서 일어나는 지적 각성의 마약 같은 흥분, 밤새도록 이어지던 열띤 술자리가 엘리트 '운동권'의 삶의 주축일 수 있었고, 그들은 그렇게 청춘을 보냈고, 그 이후 사회 변화를 위한 각종 프로젝트를 실행해 나가며, 점점 큰 선거와 정치적 사건들을 감당하며, 지금은 권력자가 되어 MZ세대와 평범한 시민들 위에 군림하고 있다.

실제로 많은 사람들이 그들을 '아마추어리스트' 취급한다. 심지어는 '한량' 취급하기도 한다. 나는 그러한 시각에 반은 동의하고 반은 동의하지 않는다. 동의하지 않는, 즉 그들을 옹호하는 이유는 그들의 분노와 사회의식의 치열함이, 평화시대를 살아가는 우리는 감히 가늠할 수 없을 정도로 강렬했다는 점 때문이고, 동의하는 이유, 즉 그들을 옹호하지 않는 이유는 실제로 그들이 현실정치에 있어 이념과 정책의 충돌을 끊임없이 야기하며, 국가 주도세력으로서의 명예와 권위를 얻는 데에 실패했다는 점 때문이다. 그러나, 누구도 탓할 수 없다. 국가의 운명은 모든 국가 구성원이 함께 나누어 갖는다고 나는 생각하기 때문이다.

우리는 혁명의 시대를 지나왔다. 브르주아, 프롤레타리아를 가리지 않고 독재 청산과 더 좋은 나라를 향한 전진을 열망하는, 열에 들뜬 시대를 지나왔다. 그 시대의 리더들은 정치적 리더이기 이전에 민중의 정신적 지주들이었다. 그들은 마치 다른 세상에 사는 선각자들처럼, 구름처럼 모인 민중의 가운데 우뚝 선 연단 위에서, 그들이 등장하기도 전부터 터져나오는 함성 앞에서 두 손을 만세 하고 치켜듦으로써 국가의 패러다임을 바꾸어냈다. 이들이 한 일은, 사회 변혁의 초석을 놓고 민주주의 시민정신을 정초한 일이었다. 개혁의 틀을 짜는 일은, 국가 발전의 전 과정 중에서 거의 첫 단계에 해당하는 기초 중의 기초이다. 그러나 역설적으로, 그 기초 작업에 너무 많은 에너지가 소모되었기에 진보주의자들이 운영하는 정부의 현실정치는 어설플 수밖에 없기도 했다.

수구적, 획일적, 착취적 세상에서 창의적, 인간적, 그리고 다변화된 세계관이 공존하는 시대로 바뀐 지금, 우리는 IT 기술과 플랫폼 산업의 홍수 속에서 일종의 데카당스를 경험하고 있다고 느껴지기도 한다. 다양하지만 권태롭기도 한, 바쁘지만 허무하기도 한 젊음. 우리는 교과서에도, 대학에도, 수능에도, 직장에도, 특정 이념에도, 대학 서클에도, 배우자에게도 의지할 수 없는 삶을 살고 있다. 그렇게 바뀐 지금의 세상은, 어떨 때는 텅 빈 광장처럼 우리를 허무하게 하기도 하고, 어떨 때는 마치 또 다른 국가처럼, 우리에게 엄습해 오기도 한다.

그렇다면, 혁명의 시대는 그저 연극의 시대였던가? 아니다. 그들이 흘린 피와 땀과 눈물은 감히 셀 수조차 없다. 그리고 그 피. 땀. 눈물 가운데 페미니즘은 함께였다. 어쩜 그 시대의 '깨어있는' 여성들은 모두 어느 정도는, 어떤 식으로든 페미니스트였다. 그 시대는 너나 할 것 없이, 운동권이든 아니든, 이 한 몸을 국가에 던져 더 나은 세상으로 가겠다는 꿈에 의해, 그 꿈에 실린 초인적 힘에 이끌려 살아가던 시대였다. 거기에 더해, 엄청난 업무량과 기업의 착취적 고용까지도 견뎌냈던, 무식하도록 강인한 시대였다.

정리하자면, 혁명의 시대는 선각자 지식인, 엘리트들이 이끄는 시대였다. 어쩜 현재의 시각에서 보기에 과거의 혁명가들은 '귀족 계급'의 지적 유희에 갇힌, 철없는 아마추어들처럼 보일 수도 있다. 이들은 코딩도 할 줄 모르고, 앱 개발도 못 한다. 단지 이들이 할 수 있는 일은, 과거를 추억하고 새 시대의 물결을 나름의 시각대로 바라보는 일이다. 많은 수의 MZ세대들은 이들을 고리타분하게, 고리타분을 넘어 어쩜 쾌씸하게 여기는 것 같다. 민주당에 대한 청년층의 비공감적 태도와 단절감, 거부감은 표면적으로는 정치적 이슈 때문이지만, 이면적으로는 앞서 내가 분석한 시대적 분위기의 지체 현상 – 일종의 문화지체 현상 – 때문일 수 있다.

비단 민주당과 MZ세대의 관계가 아니더라도, 대한민국의 세대 간 단절은 경제 구조적, 문화.예술적, 이를 뛰어넘어 각 세대별 사회생활 양상과 사회관, 라이프스타일 등 모든 부분에서 매우 심각해 보인다. 마치 건널 수 없는 강 너머로 서로를 바라보듯, 기성세대와 청년세대는 서로를 마치 타 부족처럼, 그러나 어딘지 꺼림칙한 혈연관계를 느끼며 바라보고 있다.

청년세대는 다양한 이유로 기성세대에 대해 비판적이다. 청년 여성들은 여성대로, 남성은 남성대로 그렇다. 현재는 페미니즘 기조가 여성 여론을 과대표하고 있는 상황이라 MZ여성과 기성세대의 대립이 MZ남성에 비해 더욱 첨예해 보이지만, 왜곡된 페미니즘 여론을 걷어내고 나면 기성세대에 대한 청년 남성들의 불신과 불만이 더욱 클 것 같다고 생각된다. '청년 남성'에는 경제활동을 활발히 하는 중.장년 남성층까지 포함시켜도 될 것이다.

대다수의 소시민 남성들은 자신뿐 아니라 미래의 - 또는 현재의 - 아내, 자식, 장인, 장모, 부모까지도 책임져야 한다. 아무리 여성의 사회 참여가 늘었다고 해도, 기존의 성역할에 따른 책임과 가족 부양 구조가 쉽게 바뀌지는 않는다. 남성들은 늘 '지불과 결제'에 치인다. 이들의 눈에 비치는 정치권력의 이미지에 대해서는, '펜과 세 치 혀로 국민을 우롱하며 매일 TV에 나오는 양복쟁이들' 이상을 기대하기는 어렵다고 본다. 나는 어떤 면에서 그들의 시각에 적극적으로 공감한다.

어쩜 지금의 우리나라에서 정치는, 유한계급의 사치이다. 어쩜 우리가 '하층민'이라고 생각할 수도 있는 평범한 생활인의 시각에서 보았을 때 대한민국에서 정치는, 이념을 내세워 생업 전선에서 해방된 이들의 생존수단처럼 보이기도 할 것이다. 특히 어느 날 갑자기 국회의원이 된 몇몇 젊은 정치인들은 아마 한국에서 몇 안 되는 철없는, '마음껏 철없어도 되는', '나와는 다른 세상에 사는 공주님들'일 것이다. 그들이 평등을 외치든 인권을 외치든 페미니즘을 외치든 상관없이 말이다.

정치인들은 우리가 TV에서 보는 사람들 말고도 많이 있다. 실은, 진정한 보석들은 그 무명 정치인들 중에 숨어 있다. 소수의 치열한 정치인들, 정치의 본질을 늘 되새기고 국민의 복지에 기여하고자 하는 사람들은 아마 지금, 여러모로 고통스러울 것이다. 나의 책도 그러한 소수의 깨어있는 사람들에게 기대를 걸고 있다.

더는 거대담론을 이야기하지 않는 시대에 우리는 살고 있다. 민족해방, 노동해방, 반일, 민주화 등의 이야기는, 여야 정치인의 의도적 발언이나 실언으로 인해 어쩔 수 없이 언급해야만 하는 상황이 생겼을 때 외에는 잘 언급되지 않는다.

그리고 무엇보다 중요한 것은, 우리는 더 이상 '옛날식'의 진보정신을 느낄 수 없다는 점이다. 노무현 대통령이 말했던 '사람 사는 세상', 문재인 전 대통령이 선거 운동 중 말했던 '사람이 먼저다', 그리고 이러한 구호의 기반이 되는 우리 전통의 인간존중 사상 -천지인 등- 의 본질적 가치는 마치 존재하지 않는 유령처럼, 누군가의 기억 어느 곳에, 또는 누군가의 서랍 속 잡동사니 가운데의 기념 티셔츠나 배지로 남아있을 따름이다.

가치는 머리로 아는 것이 아니라 몸으로 느끼는 것이다. 가치는 체득하는 것이고, 체감하는 것이고, 감성으로 흡수하는 것이다. 김대중, 노무현 정신을 마음과 머리와 가슴에 내포하고 있는 한국의 진보주의자들은 그 '느낌'을 우리 모두가 가지고 있는 당연한 상식으로 받아들이고 있지만, 지금의 현실은 그렇지 않다. 노무현-이명박-박근혜 집권 시기에 중.고.대학생이었던 MZ세대에서 그 '느낌'을 가지고 있는 사람은 찾아보기 어렵다. 그리고 특히, 현재 중.고등학생 신분인, MZ세대보다 더 아래의 세대에서 한국 현대사의 유산들은 비웃음의 대상이 되는 경향이 있다.

지금 우리가 MZ세대와 함께 살고 있는 시대는 겉으로는 풍요로우나 정신적으로 더욱 각박한 시대, 드러나는 폭력은 적으나 사랑도 없는 시대, 먹고 살기는 어려우나 도시 정경은 환상적으로 화려한 시대인지도 모르겠다.

우리의 역사에 더는 김대중. 노무현 같은 이가 찾아오지 않을지도 모른다. 민주당이라는 당명은 여전히 남아 있지만, 현실정치는 점점 지리멸렬해지고 있다. 이러한 가운데 과거의 군부 독재자들도, 또 그들과 목숨을 걸고 싸웠던 혁명가들도 흡사 역사 뒤의 아련한 그림자처럼, 시간의 뒤안길 속 낡은 필름으로 풍화되어가고 있다. 어쩜 그러한 기억들은, 새로워진 대한민국 속에서 -우리조차도 예측할 수 없는 형태로- 변형되어가고 있는지도 모른다. 그 기억들은 더는 빛의 영역으로 들어오지 말기를 주문받아 그림자가 되어버린 정령처럼, 또는 한여름 밤의 꿈이 주었던 순간의 쾌락처럼, 아니면 세헤라자드 왕비가 목숨을 연장하기 위해 들려주었던 아라비안 나이트처럼…… 굴절된 시간처럼 우리 역사의 어느 곳을 배회하고 있다.

과거의 모든 정서, 색채, 질감, 국가관이 잊혀져가는 새로운 세상을 우리는 무심히 살아가고 있는지도 모른다. 그리고 우리는 지금 이 순간에도, 끊임없이 앞으로 가고 있다.

청년의 미래 –
어쨌든 새로운 세대는 오고 있다

현재 대한민국의 합계출산율은 0.780명이다.

청년들은 아이를 낳지 않고, 결혼도 하지 않는다. 여자들은 커리어우먼을 지향하고 '시월드'를 혐오한다. 또한 여자들은 가부장제적 관점에서 '남의 집 대를 잇고' 싶어 하지 않는다. 더는 한 가정의 안주인 역할을 하고 싶어 하지 않음은 물론, 기존 어머니 세대를 통해 봐 왔던 기혼여성 사회에 편입되는 것 자체를 거부하고 있다.

국가의 단위이자 소소국가인 가정의 붕괴는 중대한 사회 문제로 다루어지고 있다. 페미니스트들은 '미혼'이라는 단어를 '비혼'으로 바꾸고, 소위 '문제의식' 있는 여성들에게 비혼을 권했다. 페미니스트 여성들과 비혼주의자들의 주장에 따르면, 비혼은 자신의 주체성을 지키기 위해서이다.

페미니즘이 유행하기 이전에도, 고학력 여성들은 결혼을 기피하는 현상이 나름 일반적이었다. 자신들이 '감당할 수 없는 며느리'가 될 것을 스스로 알고 있었던 것이다. 전통적인 결혼관에 따르지 못하는 여성들은, 결혼을 하면 집에 갇혀버릴 것이라는 막연한 두려움 또는 본가 사람으로서의 정체성을 잃고 남자 집에 귀속되어야 한다는 인식 때문에라도 결혼을 기피한다. 이러한 현상은 우리나라뿐만 아니라 다른 나라에서도 일반적으로 일어나기는 하나, 그렇다고 해서 다른 나라의 합계출산율이 우리나라만큼, 국가 존립의 위기를 야기할 정도로 급감하지는 않고 있다.

우리나라 MZ세대의 결혼 기피 현상에는 양면성이 있다. 한편으로는 주체성과 자기 삶, 고학력 전문직으로서의 라이프를 위해 결혼을 기피하는 여성들이 있는가 하면, 다른 한편으로는 매우 속물적 형태의 상향혼을 지향하는 여성들도 있다. 이들은 소위 '눈이 높다'. 남성들의 경제활동의 가치를 과소평가하고, 평범한 경제활동을 하는 남성을 무시하며, 일반 남성 한 명의 수입으로는 감당할 수 없는 조건을 요구한다. 한 쪽에서는 주체성을 위해 결혼을 기피하고, 다른 한쪽에서는 가난한 한남이라고 무시하며 보다 좋은 조건에 계약결혼을 하려고 하니, 남성들은 어느 장단에 맞춰야 할지 모를 뿐 아니라, 결혼 자체에 대한 회의감과 함께 자기 정체감 상실, 자존감 상실을 경험하고 있다.

지금 중급 이상 사무직 여성들 중에는, 자신들이 여성 인권의 최전선에 서 있다고 생각하는 경우가 상당히 많다. 그들은 끊임없이 '여자로서의' 자신의 특수성을 인식하고 있다. 직장인들의 시각에서는 '하층민'이나 '잡상인'으로 보일, 억척스러운 여자들이야 아예 경우가 다르겠지만, 조금이라도 좋은 기업에 정장을 입고 출근하는 엘리트 사무직 여자들은 그들만의 남성관, 결혼관, 소확행, 고양이 등을 공유하며 독특한 세계를 만들어가고 있다. 같은 직장인이라도 여직원은 상대적으로 가족 부양 의무의 경제적 측면에서는 남성 직원보다 가벼운 짐을 지고 있는 경우가 많고, 남성 직원들보다 더욱 감정과 취미에 민감하기 때문에 우리는 '새로운 여자들의 세계'가 창조되는 것을 보고 있다고 말할 수 있다. 이러한 여자들이, 한동안 대형서점 서가의 거의 절반 이상을 차지하고 있었던 페미니즘 겸 힐링 도서들의 주 독자층들이기도 하며, 문화생활 상품의 주 소비층이기도 하다.

지금은 페미니즘 광풍이 약간은 소강 상태를 보이고 있지만, 어떤 의미에서는 한참 격렬하던 시기를 지나 고착화되었다고 할 수 있다. 사실상 대한민국의 주인공 행세를 하는 여자들의 시대에 우리는 살고 있다. 그 시대는 늘어나는 노인들의 시대이기도 하고, 계층 사다리가 끊어진 시대이기도 하다. 사법고시 등 과거의 계층 사다리가 없어져 주식, 코인, 부동산 등이 거의 유일한 신분상승의 수단이 되는 시대, 창의적 청년 자영업자들이 '장사꾼'에 그치지 않고 '힙한 사업가'가 되는 시절이 우리 앞에 펼쳐지고 있다.

이러한 세대의 정경은 10여 년 전 대한민국 청년세대의 자조적 유행어였던 88만원 세대론과 3포, 5포 세대론, 수저론의 뒤를 잇는 현상일 것이다.

삶에 대한 모험적이고 개척적인 태도를 포기한 청년들이 노량진 고시촌으로 몰려들고, 과거보다는 덜하다 해도 공무원 시험 교재가 각 대학 자유열람실에 넘쳐나고, 경제 지표는 점점 더 나빠지고 있다. 지금의 청년들은 이제 88만원 세대도 사치일지 모를 정도로 활기를 잃어가고 있다.

MZ세대의 과거를 돌아보자면, 이유도 목적도 모른 채 중.고등학교 때부터 주입식.암기식 교육을 받던 시절부터 꿈은 아예 없었다고도 할 수 있다. 온갖 학원을 다니며 대학에 들어가서는 최소한의 안정적 생존을 위해 싸워야 했던 청년들은, 보이지 않는 돌파구를 향해 일개미처럼, 전공 공부와 아르바이트, 자격증 등 각종 스펙을 준비하며 계란으로 바위를 치고 있었다. 그러던 차에 이화여대 정유라 학사문란 사태가 발생했고, 이는 촛불 시위로 이어졌고, 국정농단. 탄핵 정국으로 이어졌다. 그리고 그때, K-페미니즘이 본격적으로 태동하기 시작했다.

촛불시위와 함께했던 페미니즘 열풍은 여성 청년들에게 격렬한 사상적 자극으로 파고들었고, 촛불집회와 '장미대선'을 겪는 과정에서 '성평등 민주화', '양성평등이 곧 완전한 민주화'라는 화두와 연결되어 급격하게 대중화되었다. 당시의 페미니즘은 주동 세력이 없는 운동, 즉 중심 없는 일종의 '사상 유행'으로서 이미 SNS 중에서도 특히 트위터를 중심으로 발현되고 있었고, 그 이전에는 메갈리아와 워마드가 있었다. 원칙주의적으로 서술한다면 메갈리아와 워마드는 성격이 전혀 다른 집단이지만, 문재인 대통령 당선 이후 페미니즘이 단지 사상 유행을 넘어 점차 광풍화되고 현실 정치 이슈에도 깊이 개입하게 되면서, 사실상 트위터 페미, 메갈리아, 워마드의 구분이 희미해진 상태로 K-페미니즘이 생겨나게 되었다.

페미니즘 운동은 누군가 일부러 시작한 것이 아니라 마른 땅의 들불처럼 그냥 일어난 것이었다. 그리고 페미니즘은 대통령 선거 의제 그 이상의, 여성들의 생존 수단이자 인생관, 젊은 여성들의 새로운 신념으로서의 의미를, 선거 때부터 이미 갖고 있었다. 이러한 상황에서 대통령 선거를 거치면서 젊은 여성들이 페미니즘을 받아들이는 강도가 강해지고, '페미니즘적 라이프스타일'이 형성되기도 했다.

뒤에서 자세히 논하겠지만 문재인 정권 초기부터 페미니즘은 견제하기 어려운 어떤 정치적 흐름으로 치닫게 되었다. 여기에 더해, 문재인 정권 기간 미투 사건들이 연달아 벌어지면서, 페미니스트들은 남성을 신고해 범죄자로 만들 수 있는 무소불위의 권력을 가지게 되었기에 점점 더, 견제는커녕 비판조차 불가한 존재가 될 수밖에 없었다. 이미 페미니스트 여기자들이 언론사와 방송국에 포진해 있었고, 여당의 관료들도, 대통령까지도 페미니스트 선언을 했으니까. 여기에 더해, 대통령은 미투 가해자들을 '발본색원'하라는 글을 페이스북에 올리기까지 했으니까.

2

페미니즘이
바꾸어 놓은
사회 분위기

페미니스트들은, 페미니즘을 '한다'는 표현을 자주 썼다. 즉, 페미니즘을 한다는 것은, 페미니즘적으로 생각하고 행동하고 페미니즘적 컨텐츠를 소비하는 모든 활동이 곧 페미니즘의 실천이자, 문화운동의 방식이었다는 것이다. K-페미니즘은 젊은 엘리트 여성들이 주체가 된 대국민 문화운동이자, '남성성 정화운동', 좀 심하게 표현한다면 '남성 거세 운동'이기도 했다.

MZ세대, 특히 여성들은 정상가족을 거부하고, 남성들은 정상가족을 열망한다. MZ남녀는 서로 한 치도 양보할 수 없는 신경전을 벌이고 있는 듯하다.

과거로 돌아갈 수도, 미래로 나아갈 수도 없다

　페미니즘으로 인한 사회 분위기 변화는, 페미니즘 이전과 이후의 차이, 또는 문재인 정부 이전과 이후의 차이에 대해 생각하게 만든다. 지금 내가 말하는 이 '변화'는 이전과 이후의 경계가 불분명한 어떤 변화이다. 굳이 경계짓자면, 여자가 살림하고 남자가 일하는 것이 당연하던 시절과 그 이후, 일하는 여성의 새로운 라이프스타일이 생겨나고 난 뒤의 일이다. 물론, 과거에도 소수의 엘리트 여성들은 일과 육아를 성공적으로 병행했으나, 다수의 서민들은 그렇지 못했다. 이 책에서 내가 말하는 거의 모든 평범한 사람들은, 여전히 우리가 매스컴에서 보는 유명인들과는 전혀 다른 현실을 살고 있다. 나는 사회 풍조와 정치 이슈를 함께 이야기해야 하는 입장에서, 대한민국 사회의 계층 간 삶의 질, 삶의 유형 차이를 새로이 실감하며 집필하고 있다.

나는 서울 신림동 고시촌 위, 산동네 작은 아파트에서 어린 시절을 보냈다. 내가 살던 곳이 서울대학교 옆이라 고학력 부모들이 많기는 했지만, 동네 전체의 생활 수준은 당시 대한민국 서민들의 평균적 삶보다 조금 아래에 맞추어져 있었다.

남편들은 가게에 나가거나 회사에 나가 돈을 벌어왔고, 아내들은 살림을 하고 가계부를 썼으며, 하원, 하교하는 아이들 가방을 대신 메고 놀이터 벤치에서 삼삼오오 수다를 떨기도 했다. 그 시절에는 복도식 아파트 대문을 열어두고 아이들을 키웠다. 아이들은 친구 집을 자기 집처럼 드나들었고, 경비실에 들어가서 아저씨가 깎아 주는 과일을 먹으며 놀기도 했다. 동네 슈퍼와 문방구 주인들은 아이들이 물건을 고르고 엄마 이름만 대면 군말 없이 외상을 해 주었다.

내 어릴 적, 아이들은 아이들의 세상에서, 엄마들은 엄마들의 세상에서 살았다. 아버지들은 아버지들만의 외로운 실존의 섬과 끝나지 않는 술자리와 옷깃에 배인 소주 냄새와 담배 연기 속에서 살아갔고, 일곱 동의 아파트로 이루어진 동네 한가운데를 지키던 육중한 붉은 굴뚝과 함께 시간은 무심히 흘렀다. 내가 그 시절을 행복하게 기억한다면, 그땐 어른이 아니라 아이였기 때문일 수도 있다. 하지만 그런 분위기의 대한민국은 다시 돌아오지 않는다는 생각을 할 때면 마음이 애틋하고 쓸쓸해진다.

나의 어머니는 그리 다정한 사람은 아니었고, 특목고 강사로 일했으며, 아버지가 없을 때면 테니스 라켓, 법전 등의 무기로 나를 학대하기도 했다. 무서운 기억이지만 동반자살을 시도하기도 했다. 그래서 어릴 적 나의 애착 대상은 어머니가 아닌 다른 여인이었다.

주기적으로 집에 오시던 늙은 파출부 아주머니에게 나는 가슴을 만지면서 자게 해 달라고 조르곤 했다. "아줌마, 찌찌." 하면 아주머니는, 고용주의 자식인 나에게 젖가슴을 꺼내 내어주셨다. 나는 아주머니의 인견 잠옷 사이로 얼굴을 파묻고 젖가슴을 만졌다.

나는 여자아이였지만, 아주머니에게 안겨 있을 때면 마치 남자아이가 된 것 같은 느낌이 들었다. 성숙한 여성성이 가져다주는 따뜻함 속에는 여백이 전혀 없었다. 아파트 뒷길 야산에 듬성듬성 돋아난 아카시아 나목 사이를 거닐 때의 써늘한 슬픔, 초등학교 복도에서 느끼던, 텅 빈 콘크리트 직육면체 내부를 걸을 때의 섬뜩한 공허함도 없었다. 아주머니와 잠들 때는 이불의 냄새부터 달랐다. 아주머니와 함께 있는 나의 내부와 외부는 따뜻한 살갗으로 닿은 아주머니의 온기로 꽉 차 있었다. 기미 가득한 축 처진 젖가슴…… 그것을 여성성이라고 한다면, 여성성이란 약간 슬프고 많이 따뜻한 것이었다. 그것은 작고 작은 나의 육신을 몽상 속으로 이리저리 끌고 다니다 결국 꿈나라로 이끌어준다는 확신을 주고, 어제처럼 밝은 오늘 아침으로 데려다준다는 약속 또한 해 주었다.

"자궁은 슬픔이 모이는 곳"이라는 말이 있다. 내 기억에, 그 시절의 여자들은 기본적으로 좀 슬펐던 것 같다. 어쩌면 그런 시절이 다시 돌아와야, 우리는 여성성과 모성을 논할 수 있을지도 모른다. 요즘의 여자들은, 특히 K-페미니스트들은 자궁과 젖가슴에 깃든 그 원초적 슬픔을 혐오하는 것 같기도 하다.

여성성에 대한 나의 추억에 대해, 혹자는 이렇게 비판할지 모른다. 아이를 낳아보지도 않고 '출가외인'의 처지가 되어보지도 않고, 애비.할애비와 같은 성씨를 단 채로 감히 여성성에 대해 그런 말을 할 자격이 있냐고. 가부장적 여자아이 아니냐고. 흉자 아니냐고. 그러나 어린 마음에도 나의 감정은 결코 가볍지 않았다. 그 아파트 단지에서 나는, 비애감에 약간 절여진 상태로 하루하루를 보냈다.

페미니스트들은 모성을 '사회에 의해 강요되고 만들어진 신화'라고 주장한다. 따라서 여성들이 가부장제의 여성 착취 도구로 작동하는 모성 신화로부터 해방되어야 한다고 말한다. 그러나 이 주장은 인간의 본성과 배치되는 것이다. 물론 인간은 짐승이 아니기 때문에 본능에 부합하는 행동만을 하지는 않는다. 그렇지만, 인간이 가진 여러 본성 중에서는 쉽게 훼손되지도 않고, 아무리 억압해도 절로 진가를 발휘하게 되어 있는 것들이 있다.

페미니스트들 또한 엄마를 필요로 했던 어린아이였다. 엄마가 낳았기에 존재하는 이들이다. 그녀들 또한 모성의 그림자로부터 자유롭지 못한 이들이다. 그리고 그러한 모성을 안전하게 지켜줄 의무를 지닌, 아버지들의 남성성으로부터도 자유롭지 못한 이들이다. 내가 보기에 페미니스트들은 좀 성마른 인격의 소유자들 같은데, 혹시 그녀들은 성적 존재로서의 인간이 주는 숙명적 비애를 애써 거부하고 스스로를, 또 자신들에게 동조하는 타인들까지도 무성화하려 애쓰는 것은 아닌가 혼자 생각해 보기도 한다.

옛날에는 성적으로 보수적인 분위기가 있었다고는 하지만, 사실 가정이야말로 가장 성적인 곳이다. 번식 본능과 남녀에게 고착화된, 사실상 강요된 성 역할에 기초해서 유지되는 곳이기 때문이다.

내 기억에, 어릴 적 보았던 어른들은 격식에 좀 민감했던 것 같다. 옛 가족사진들을 보면, 어머니들은 머리에 힘을 잔뜩 주고 자켓 어깨에는 큰 뽕을 넣었으며, 아버지들은 신체 사이즈보다 훨씬 큰 양복에 이 대 팔 가르마를 하고 근엄하게 앉아 있다. 아이들은 때때옷을 입고 마치 황태자, 소공녀들처럼 뻣뻣하게 서 있다. 그런 의미에서 옛 가족사진은 왕가의 사진과 닮아있기도 하다.

옛 가족의 이미지를 되새겨 보면, 엄마들은 마치 아이를 향해 아래가 항상 열린 사람처럼, 언제나 어떤 방식으로나 엄마다웠다. 마치 여자로서의 무언가를 포기한 듯, 새로운 성별을 얻은 듯 전형적인 '아줌마' 같았다. 가장인 아버지들은 어쩐지 조금 경원시될 법한 모습이었다. 무뚝뚝한 얼굴, 인자한 듯하면서도 경직된 자세는 아버지의 영원한 초상 같았다.

할머니들은 불쌍하고 청승맞았고, 할아버지들은 우리와는 다른 영원의 세계를 살아가시는 듯, 깊은 고독의 벽 속에서 패션 테러리스트 복장을 하고 이름조차 낯선 담배를 피웠다. 그 시절엔, 남자들에게는 위엄이, 여자들에게는 감정의 범람과 자잘한 일들, 약간의 건망증이 함께였던 것 같다. 아마 이 시절은 페미니스트들이 '다시는 예전으로 돌아가고 싶지 않아'하는 시절일 것이다.

솔직히 고백하자면, 나 역시도 그랬다. 나 역시도 '다시는 이전으로 돌아가고 싶지 않았'었다. 나는 여자가 결혼하면 인생이 망하는 줄 알았다. 처녀 시절 아무리 예뻤든 잘나갔든 남자들에게 인기가 많았든, 결혼을 하고 아이를 낳으면 다 똑같은 아줌마가 되는 줄 알았다. 당시 어른들에게는 딸을 결혼시킨다는 것이, 귀하게 키운 딸을 남의 집 부엌데기로, 남의 집 아이 낳아 대 잇는 데 팔려 가게 한다는 인식도 은연중에 남아있었던 것 같다. 결혼식장에서 신랑 가족들은 웃고 있는데 신부 가족들은 마치 초상집 보내는 사람들처럼 보이는 이유도 아마 여기에 있지 않을까, 어린 마음에 생각해보기도 했었다. 어린 딸은 보석이고, 나이 찬 딸은 남의 집 사람이라는 인식은 일종의 문화지체현상으로, 잘 바뀌지 않는 것 같았다. 실제 결혼생활에서는 며느리가 '완전 갑'이라고 해도 말이다.

특히 동네 아주머니들이 하는 신세 한탄을 참조해 보았을 때, 결혼을 하면 가정에서 탈출할 수도 없게 되고, 해도 해도 끝이 없는 설거지와 반찬, 청소 등 365일 휴일도 없는 가사의 노예가 되는 줄 알았다. 또, 사회에서는 천대받게 되는 줄 알았다. 있으나 없으나 다르지 않고 귀찮기만 한, 무색적 존재가 되는 줄 알았다. 실제로 내 눈에도 동네 주부들은 그렇게 보였다. 내가 말한 '무색적 존재로서의 주부'는 요즘 유행하는 '맘충'과도 상통하는 데가 있는 것 같다.

만약, 현재의 MZ세대에게 옛날 아버지, 어머니들처럼 살겠느냐고 묻는다면 십중팔구는 그렇게 못 하겠다고 할 것이다. 아버지들처럼 새벽같이 집을 나가 하루에 열두 시간 이상을 밖에서 보내고, 연장근무에 알코올 폭탄 회식, 주말 등산까지 감당하며 사회생활을 하겠냐고 한다면? 어머니들처럼 아이를 임신되는 대로 낳고, 'oo씨'가 아닌 '누구 엄마'가 되어 별다른 모험이나 변화를 기대할 수 없는 삶을 평생 살 수 있겠는가 묻는다면? 그런 삶은 생각조차 못 하겠다고 답할 것이다.

그 시절에는, 그리고 더 옛날에는 더욱, 대한민국은 어떤 의미에선 서로가 서로를 착취하는 세상이었다는 점에 대해서 우리는 대체로 동의하고 있다. 아버지들은 아버지들대로, 어머니들은 어머니들대로 지겹고 힘든, 다른 선진국 사람들 시각에서 본다면 '인간적으로 가능한가 싶은' 삶을 당연한 듯 살아내고 있었다.

MZ세대는 옛 남녀에게 강요된 희생과 획일적 삶으로부터 이미 멀리 왔고, 다시 그런 역사를 반복할 능력도, 의지도 그들에게는 없다. 어쨌든 MZ세대는 생존이 아니라 꿈을 좇는다. '생활'도 '생존'도 아닌, '나의 삶'을 좇는다. 특히 여성들, 페미니스트 여성들이 더욱 그러한 경향을 보인다. 대부분의 경우, 그러한 경향은 '로망'의 수준에 머무는 것 같지만.

MZ세대는, 결코 부모 세대만큼의 생산적 에너지를 가질 수 없을 것 같다. 우리는 아직도 기성세대에 많은 빚을 지고 있으며, 무엇보다 우리 세대가 생산하고 있는 것들은 그 세대를 대체할 대안이 되지 못한다. 기성세대가 쌓아놓은 간접자본은 그때와는 다른 형태로 변모된 채, MZ세대에게 보이지 않는 혜택을 주고 있다.

MZ세대는 기성세대의 수혜자이면서도, 건국 이래 처음 맞는 저성장시대에 뚝 떨어진 고아, 저성장시대의 피해자라는 아이러니한 위치에 놓여있다. MZ세대는 강하면서도 약하고, 천재적이면서도 바보 같다. 힙하면서도 무기력하고, 세련되면서도 추레하다. 어떨 때, 나는 내 또래들을 보며 '거세된 사람들' 같다는 생각을 하곤 한다.

페미니즘 문화혁명

MZ세대 여성들에게 페미니즘은 어떤 의미였을까? 아직도 그 점은 나에게 완전히 풀리지 않은 의문으로 남아있다. 다만, MZ여성들이 페미니즘에서 그들만의 돌파구를 찾은 것은 분명해 보인다. 앞서 짚었듯 페미니즘은 촛불혁명 즈음해서 이미

'중심 없는 운동'으로서 SNS를 중심으로 태동하고 있었고, 소위 '넷페미', '트페미' 등 페미니즘 신봉자들은 정치보다도 사회현상, 문화예술, 경제구조 등 사회 전 분야에 페미니즘적 관점에서 문제를 제기하고 있었다. 그러한 '개인의 한 마디 한 마디'가 모여 촛불혁명과 대선 정국을 만났고, 거기에서부터 본격적 K-페미니즘이 등장했으며, 미투 운동과 소송 남발 등을 통해서 광풍화되었다고 나는 분석하고 있다.

2030여성들의 광범위한 지지와 공감이 없었다면, 페미니즘 광풍은 아예 불가능했을 것이다. 페미니즘은 중심 없는 사상 유행이자 정치운동의 형태를 띠기도 했으나, 그 자체로 문화혁명이기도 했다. 페미니스트들은, 페미니즘을 '한다'는 표현을 자주 썼다. 즉, 페미니즘을 한다는 것은, 페미니즘적으로 생각하고 행동하고 페미니즘적 컨텐츠를 소비하는 모든 활동이 곧 페미니즘의 실천이자, 문화운동의 방식이었다는 것이다. K-페미니즘은 젊은 엘리트 여성들이 주체가 된 대국민 문화운동이자, '남성성 정화운동', 좀 심하게 표현한다면 '남성 거세 운동'이기도 했다.

나는 아직도, 왜 한동안 한국 영화계가 여성서사 영화나 수입 블록버스터 영화 말고는 상영조차 잘 하지 않았는지 이해가 잘 가지 않는다. 문학계에 대해서도 페미니스트 연구자들은 막대한 영향력을 행사했다. 남성의 폭력성과 포식자성을 비판한다는 명목으로 사실상 한국문학 고전 검열. 비판. 색출. 재해석 작업들이 학술적 층위에서 이루어졌고, 순문학과 에세이 시장은 여성 작가들이 독점하게 되었다. 특히 〈82년생 김지영〉이라는 소설이 그토록 오래 베스트셀러 자리를 지키고 영화화까지 되었는지는 시간을 두고 연구해 보아야 할 문제 같다. 다만 김지영 씨의 정서를 나는 피하고 싶다. 내 인생이 김지영 씨 같은 모습이 된다면, 나 자신이 혐오스러워질 것 같다. 김지영이라는 선택적 캐릭터가, 여성을 배제하고 예속하는 사회 구조 때문에 탄생한 자아라는 결론에도 나는 동의할 수 없다.

나는 내가 '페미니즘 문화운동' 현상을 과잉해석했거나 오해했는지 검증하기 위하여, 몇몇 명망 있는 문인들에게 자문을 구했다. 그런데 그들도 나와 비슷한 생각을 하고 있었다. 어느 소설가는 "이제 남성이 보는 세계는 필요하지 않은가 봐."라는 말로 나를 '빵 터뜨리기'도 했다.

　MZ세대는 기성세대와 달리 우등생들이 이과를 선택하는 것이 당연하게 여겨지는 세대이다. 오죽하면 '문송하다(문과라서 죄송하다)'는 유행어까지 생겼다. 이러한 현상이 발생한 것은 취업난 때문인데, 인문계 기피. 자연계 편중 현상은 MZ세대의 인문학적 기본기를 기성세대와는 비할 수 없는 수준으로 퇴행시켰다.

　따라서, 앞서 지적했던 '페미니즘 문화운동'의 효과는 강력했다. 이로 인하여 젊은 여성들은 단숨에, 전 연령.성별 중 책을 가장 많이 읽는 계층이 되었다. 물론 한때였고 그 또한 페미니즘과 관련된 책들에 한해서였지만.

　MZ여성들은 가부장제에서 해방되어 주체성을 찾아가는 주인공, 딸(K-daughter이라는 신조어도 생겼다)로 태어나 차별을 극복하는 여자들의 초상, 남자로부터 받은 상처를 치유하고 자신을 사랑하는 법을 배우는 주인공, 여자들만의 세계를 다룬 소설, 남성보다 더 뛰어난 능력으로 가정을 책임지는 '가녀장' 주인공 등을 보며 페미니즘적 삶에 대한 의지를 다졌다. 20대 여성들에게 책을 읽는 것은 그 자체로 페미니즘의 실천이었고, 연대였다.

또한 페미니즘은 문화예술 시장뿐 아니라 인문.사회학계에서도 그 지위와 중요성을 급상승시켰다. 이 또한, MZ세대에서의 인문계 기피현상과 떼어 놓고 생각할 수 없다. 전국 주요대학 인문계통에 여초현상이 나타났고, 인문계통 학과의 학문적 수준 자체가 떨어지는 상황에서 인문계 여학생들 사이에서 페미니즘을 '기본 장착'하는 분위기가 형성되었다.

MZ세대 남녀의 '공부 경향'을 종합해 보았을 때, 대한민국의 인문 역량은 2000년대를 즈음하여 급감하였다. MZ세대에게는 자연스럽게 인문학을 접할 기회도 없었을 뿐더러, 인문학이 필요하지 않은 시대로 진입하는 과정에서 인문학적 기본기를 단련할 필요성을 느낄 기회 역시 사라져 버렸기 때문이다. 그래서인지, 페미니즘 유행은 반성과 성찰의 대상이 되기보다, 적극적 흡수와 실천의 대상이 되었고, 이를 넘어서서 젊은 인문학의 대표 경향이자 MZ세대의 유일한 인문학이 되었다.

인문학적 기본기가 기성세대에 비해 현저히 떨어지는 젊은 문과 여학생들이 학내 페미니스트 여론을 주도했으며, 주요대학 페미니스트들은 내가 '권력형 페미니스트 집단'이라고 말한 조직으로 직행하기도 했다. MZ여성 인문학도들에게, 페미니즘은 효과적인 사회진출 수단이기도 했다.

그러다 보니 젊은 인문학도들 사이에서 여성주의자들의 대표성이 극히 높아졌고, 페미니즘에 별 관심 없던 여학생들도 '멋진 언니'들을 따라하다 보니 어느새 강성 페미니스트로 변모해 있기도 했다. 그들은 가정을 위해 자신을 희생한 어머니들과 성폭행 피해자들을 연민했고, 남성들을 혐오했다.

그런데, 이념에는 역설이 있다. 모든 이념은 공공의 가치 또는 공동체를 대상으로 하지만, 우리가 어떤 이념에 취하게 되는 계기는 개인의 내밀한 내적 분노. 586 세대 운동가들의 분노가 외부 거악에 대한 분노였다고 하더라도 그 분노는 사적 체험 또는 개인적 정서와 사유를 품고 있었을 것이라고 나는 생각한다. 다만, 페미니스트들의 분노는 성적이라는 측면에서 조금 더 내밀하며 실존적이다.

그러나 이 차이는 본질적인 차이가 아니다. 전자나 후자나, 한 사람을 어떤 이념으로 끌고 들어가는 분노는 개인의 내면과 외연을 넘나들며, 내밀하면서도 사회적이고, 정서적이면서도 논리적인 복합적 힘을 갖고 있다.

실제로 일부 '주류' 페미니스트들은 성범죄 피해 경험을 가지고 있고, 페미니스트 학생이건 교수건 연구자건 활동가건 자신들이 소수자이며 사회로부터 소외되었다고 생각한다. 그런데, 내가 고독하다는 생각은 온 세상이 내 편이라는 생각과 쉽게 연결된다. 온 세상이 내 편이 아니기에 내가 고독한 것이고, 온 세상을 내 편으로 만들면 나는 고독에서 해방되리라는 인식 구조가 생기기 때문이다. 이념에 취한 젊은이는 피부가 벗겨진 채로 광야에 버려진 사람처럼 위태롭다. 그 사람에게 인자한 노부부가 다가와 상처를 치료해준 뒤 세상에 내보낼 수도 있고, 미생물들이 먼저 다가와 그를 썩혀 버릴 수도 있다.

정상 가족과 페미니즘 –
진정한 주체성과 인간의 존엄성을 고민해야 한다

소수의 어머니들은 나쁘지만, 대부분의 어머니들은 감동적이다.

과거의 많은 어머니들이 '자기 삶 희생'을 선택한 것은 거부할 수 없는 사실이다. 그렇기에 아직도, 특히 남성들에게 '어머니'는 말하는 것만으로도 가슴을 울리는 단어로 남아있다. 그래서인지 그 자녀들은, 어머니를 존경하면서도 자신의 아내나 자신이, 어머니와는 다른, 좀 더 질 높은 삶을 살기를 바라는 마음을 갖고 성인이 되었다.

페미니즘이 유행하면서, 젊은 여자들 사이에는 '내 삶'이라는 단어가 유행하기 시작했다. '결혼하면 내 삶을 못 산다', '우리 어머니가 포기했던 내 삶을 나는 살아야 한다', '시댁이 내 삶을 간섭할 것이다' 등의 말들이 내 주변에서도 자주 들려왔다. 그런데, 정작 또래 남성들은, 또래 여성들이 '내 삶'을 추구하고 있을 바로 그 시간에, 군대에 가서 국가에 대한 헌신을 강요받으며 '내 삶'을 잃어버리고 있었다.

젊은 페미니스트들은 이렇게 말하곤 했었다.

- '남성에게 결혼은 자신의 커리어를 더욱 견고하게 하는 행위이지만, 여성에게 결혼은 자신의 커리어를 아예 포기하는 행위다.'
- '남성은 결혼을 통해 가정을 소유하지만, 여성은 결혼을 통해 가정에 종속되며, 회사에서는 죄인이 된다.'

실제로, '훌륭한 남편, 훌륭한 바깥 사람'이 되기를 원하는 남성의 수는 계속 유지되었으나, '현모양처'가 되고 싶어하는 여성의 수는 급격하게 줄었다.

그러나, 어머니만 자신을 희생하고, 아버지는 사회를 누비며 자아실현을 즐겼다는 페미니스트들의 생각은 어불성설이다. 어머니가 희생했던 '내 삶'과, 남성들이 '산업 역군'으로서 국가와 자신이 속한 조직, 그리고 가족을 지키기 위하여 불사했던 헌신의 가치는 같거나, 경우에 따라 아버지의 몫이 더 클 수도 있다.

　정상 가족 제도하에서, 우리는 어머니를 연민하고 아버지를 존경한다. 어머니에 대한 존경과 아버지에 대한 존경의 정도는 같지만, 그 색채는 조금 다르다. 전형적인 가족 제도 안에서 어머니는 친밀한 늙음 속에서 연민 받으면서 존경받는다면, 아버지는 경원시되기에 존경받는다. 어머니는 나와 너무나 가깝고 나보다도 더 초라하기 때문에 존경의 대상이 된다면, 아버지는 나와 너무나 멀고, 권위 뒤에 가려진 남모르는 고뇌들로 피폐해진 내면을 끝내 숨겨왔기 때문에 존경의 대상이 된다.

　여성의 희생은 아이와 남편을 국가의 구성원으로서 성공적으로 양육해내었음을 통해 정당화된다면, 남성의 희생은 안사람과 자식을 위하여 국가 구성원으로서 헌신했음을 통해 정당화된다. 가족은 국가 번영을 위한 단위로서 정당성을 획득하고 법에 의해 보호된다. 특히 여기에서 모성의 보호 측면, 즉 어머니의 기여는 아버지에 비해 간접적인 기여 같지만 실은 아버지 쪽보다 더욱 원초적으로 기여하는 것으로써, 여성성의 고유한 역할인 초월적 사랑과 양육 능력은 오히려 남성성보다 더 강인한 역량으로서 그 가치를 인정받을 수 있었다.

실은, 상술한 '정상 가족'은 약간 구시대적인, 흡사 전후 미국을 연상케 하는 담론이다. 프랑스, 독일 등 서구. 북구 선진국들의 경우, 미혼모에게 대학 진학 우선권 등 엄청난 사회적 혜택을 주며, 반드시 정상적 가족 하에서 태어나지 않은 아이라도 정상적 사회 구성원으로 받아들이는 문화가 형성되어 있다. 우리나라는 아직 그러한 사회적 공감대는 부족한 상황이다. 유교 전통이 강하게 남아 있는 우리나라에 유럽과 같은 분위기가 형성되는 데는 아주 오랜 시간이 걸릴 것 같다.

MZ 세대에서, 특히 여성들은 정상가족을 거부하고, 남성들은 정상가족을 열망한다. MZ남녀는 서로 한 치도 양보할 수 없는 신경전을 벌이고 있는 듯하다.

그런데, MZ세대 젊은 여성들이 살아가는 세상은 어머니 세대와는 많이 다르다. 자기 일도 찾을 수 있고 자신의 능력도 보여줄 수 있고 재미있게 살 수도 있다. 그런데도 그녀들은, 그녀들이 차별받고 있다고 믿는 나머지, '약자성', '피해자성', '소수자성'에 천착한 나머지 자신들만의 벽을 치고, 그 안에서 점점 더 스스로를 괴롭히며, 약한 인간의 모습을 그대로 드러냈던 것 같다. 물론 몇몇 기업에서 신입사원 채용 시 여성 지원자들의 점수를 낮춘 것이 발각되어 크게 이슈화되기도 했지만, 그러한 구세대적 기업이 사회 전체의 흐름에 미치는 영향은 미미하다고 나는 생각한다.

MZ세대보다도 아랫 세대인 요즘의 이십대 초반 여성들은 어떤지 잘 모르겠지만, 내 또래들은 확실히 그랬다. 그녀들은 자신들이 확실히 약자이며 소수자이고, 지금까지 –특히 상급자– 남성들로부터 들었던 일상 대화들은 성희롱이었고, 대한민국 도처에 몰카가 있으며 이 사회는 여성을 대상화하고, 배제하고 혐오하고 착취하는 구조 속에서 유지되고 있다는 생각에 빠져 있었다. 여성 일부가 띄게 된 과대표성과 권력형 페미니스트들의 여론전, 그리고 몇몇 실제 범죄 사례들이 시너지를 일으켰기에 이러한 상황도 발생했다고 나는 생각하고 있다.

이념이라는 것이, 일단 빠지게 되면 온 세상이 그렇게 보이고, 세상을 그렇게 보는 사람들이 늘어나면 헤게모니가 발생되어 마치 세상이 실제로 그러한 양, 오랫동안 숨겨져 왔던 진실이 드디어 밝혀진 양 느끼게 하는 상황들을 만들어내게 되지만, 결국 광풍이 잦아들고 나면, 그 모든 것들이 환상이었음이 밝혀지며 자질구레한 일상들만 남는다. 물론, 이런 말은 광주민주항쟁의 진실이 밝혀질 때의 상황이나, 역사적으로 중요한 사건의 진상이 드러날 때는 전혀 해당되지 않는다.

그러나 '진실'이라는 단어를 떼어놓고 '이념'만 가지고 생각한다면, 실은 세상의 모든 이념이 그렇다. 이념의 광기는 부조리를 낳고, 부조리는 시간을 잡아먹는다. 다만, 페미니즘의 경우 권력형 페미니스트들의 활약이 워낙 광범위하면서도 강력했고, 또한 남성들로 하여금 '성범죄자', '잠재적 가해자' 취급을 받는 데에 대한 극한의 두려움을 유발했기 때문에 그 광풍을 견제할 방법도, 건전한 논쟁을 이끌어낼 방법도 없었다고 판단하는 편이 맞을 것 같다.

실제로,

- '한남들이 매일 여성을 강간하고 살해하고 죽인다.'
- '모든 남성은 잠재적 가해자이다'
- '우리는 어려서부터 지금까지, 공기처럼, 혐오 발언과 성희롱, 추행에 노출되어 있었다.'
- '강간 문화와 남성 카르텔을 뿌리 뽑아야 한다'

등의 슬로건이 유행할 때, 나는 전철 등 공공장소에서 일반 남성들을 마주칠 때마다 그들에게 미안했다. 그들 입장에서 여성인 나는 '언제 터질지 모르는 시한폭탄'처럼 보일 것 같아서, 나는 지레 그들과의 우연한 신체 접촉 – 외투 소매가 닿는다든가, 가방으로 누군가를 톡 치게 된다든가 – 까지도 일부러 조심했다.

'여적여',
여자의 적은 여자이다

우리는 '페미니즘' 하면 남녀 갈등을 먼저 생각한다. 그러나 사실, 페미니즘은 남성과 여성 사이의 갈등보다는 여성사회에서의 분열을 더욱 심화시킨다. 페미니즘이 남성들에게 미치는 영향은 언제 범죄자로 낙인찍힐지 모르는 위험에 처하게 하는 것뿐이다. 물론 이는 심각한 문제이지만, '페미니즘'과 '젠더갈등'이 직결되어 있다는 생각은 편견일 수 있다.

대학, 연구소, 출판사 등 엘리트 사회는 정상적인 남자 직원들, 페미니스트 여성 직원들, 그리고 '정상적인' 비페미니스트 여성 직원들로 구성되어 있다고 해도 과언은 아니다. 그리고 페미니스트 여성 직원들은 비페미니스트 여성 직원을 동족 취급해주지 않고 은근히 소외시킨다. 남성 사회가 폭넓고 허심탄회하다면, 여성 사회는 반경이 좁고 섬세하다. 페미니스트들은, 자신들이 생각하는 페미니즘적 여성성을 여성성 자체로, 여성성의 전부로 만들기 위해서라도 이 좁은 여성사회 내부에서의 분열과 갈등을 조장한다.

드라마 '여인천하'에서 다소 과장되긴 했지만 적나라하게 묘사되었던 여성사회의 뒷담화, 파벌짓기, 모함 등은, 페미니즘을 통해 가부장제에서 여성을 해방시킨다고 해서 사라지지 않는, 여성성 자체의 부정적인 발현 양상일 뿐이다. 페미니스트들도 여성이고, 그들의 여성성은 성숙하고 포용적이라기보다는 강박적이다. 따라서 페미니스트들이 미투 가해자로 지목된 남성이나 비페미니스트 여성에게 하는 조리돌림들은 질적으로 크게 다르지 않다.

'여적여 - 여자의 적은 여자 -'라는 인터넷 용어는 진실을 표현하고 있다고 나는 생각한다. 진실은 이념이 아니라 실제 삶에서의 체험과 인상으로부터 도출된다. 사회생활하는 여성을 페미니즘의 수혜자라고 한다면, 그 피해자 또한 여성 -특히 남성과의 업무 경쟁이 가능할 정도의 능력을 가진- 이 되는 경우가 생각보다 빈번하다. 나도 여성이지만, 여성 사회는 참으로 소모적일 때가 많다. 여초 조직에서 일을 할 때는, 특히 업무 효율 면에서 상당한 자괴감이 일어나기도 했던 것이다.

3

2016-2018
촛불혁명의 미학을
기억하는가

'완전한 민주화'를 위한 페미니즘은, 실은 한국의 진보주의와는 함께할 수 없는 것이었다. 둘은 물과 기름처럼, 첨예하게 부딪히는 지점을 갖고 대립할 수밖에 없는 성격을 갖고 있었다.

 문재인 정부의 황금기는 짧았고, '내로남불'과 '위선'이라는 키워드는 마치 '성인지 감수성'처럼, 우리 사회의 일반명사로 자리잡아 버렸다. 조국 전 장관에 대한 검찰의 폭력과 페미니즘 이슈들로 인하여, 문재인 정부는 국가 운영에 있어 매우 성공적이었던 여러 치적들까지도 국민들에게 인정받지 못하는, '성공했으나 실패한 정부'가 되어 버렸다.

촛불 광장의 추억

페미니즘 광풍을 제대로 비판하기 위해서는, 끊임없이 과거로 돌아가야 한다. K-페미니즘의 뿌리는 넓고 길고 깊다.

여러분은 2016년 말에서 2017년 초에 광화문 광장을 가득 채웠던 촛불의 함성을 기억하는가. 촛불 광장을 기억하면 어떤 장면이 가장 기억에 남는가? 나는 "와!" 하는 함성이 가장 기억에 남는다. 그 어떤 가수의 콘서트에서도 들을 수 없었던, 오직 '국민'의 목소리로만 이루어진 우레와 같은 함성이 내게는 신선하고 깊은 감동을 주었다. 나는 가끔 촛불집회 영상을 보며 스스로 사기를 진작하곤 한다.

촛불집회에 대한 외신의 평가가 매우 긍정적이었다거나, 한국 현대사상 초유의 범국민적 평화시위. 완전하고 불가역적 민주화를 향한 민주적 집회라는 '객관적' 평가도 물론 좋지만, 국민들의 순수한 정의감이 역사를 향해 터져나왔던 그 특별한 함성이 가장 좋았다. "박근혜는 퇴진하라! 와~"하는 소리가 아직까지도 내 귓가에 울려퍼지는 것 같다.

촛불집회가 혁명이 되는 과정은 극적이었다. 이화여대 정유라 학사문란 사건에 대한 학생시위와 경찰의 이화여대 난입 무력진압, 이에 항의한 교수시위를 시발점으로 박근혜 정부의 국정농단 정황이 차례차례 폭로되었고, 비선실세의 존재도 함께 드러나면서 탄핵 정국으로, 탄핵 정국에서 촛불혁명의 시대로, 그 시기 대한민국의 시간은 그렇게 흘러갔다.

이명박, 박근혜 정부는 노무현 정부의 뒤를 이은 9년의 보수 정권이었고, 이명박 정부 출범 직후인 2009년 5월 23일, 노무현 대통령이 서거하는 사건이 있었다. 노무현 대통령 서거에 대한 국민적 애도감정과 노무현 정부를 뒤이은 이명박 정부에 대한 분노, 노무현 대통령 서거의 원인으로 작용했던 검찰의 편파적. 비인간적 수사 행태와 권력 남용에 대한 분노는 박근혜 정부 국정농단 사태 앞에서 용광로 속 철처럼 뜨겁게 뭉뚱그려져, 걷잡을 수 없는 불길로 변했다.

국민들은 보수 정권의 도덕적 해이와 탐욕, 국민에 대한 기만적이고 고압적인 태도에 대한 분노를 단지 일시적인 분노로 끝내고 싶어 하지 않았다. 처음에는 '촛불은 후 불면 꺼진다'던 당시 여당도, 국민의 분노가 커지자 박근혜 대통령 비판 기조로 돌아섰다.

국민들은 최순실과 정유라에게서 불의한 기득권층의 얼굴을, 김기춘으로부터 무자비하고 살벌한 공안권력 검찰의 얼굴을, 그리고 더불어민주당 문재인 후보에게서는 김대중. 노무현 그리고 이들의 존재로 대표되는 진보주의 전체의 상징적 초상을 보았다.

국민들은 문재인 후보에게 모든 것을 걸고 그를 권좌에 앉

했다. 노무현 대통령 서거 이후 암흑기에 있던 진보주의는, 그리고 진보주의라는 흐름 안에 담긴 국민들의 기억과 감정, 염원, 또 그것이 이루어내었던 대한민국의 모든 발전적 움직임들은 문재인 후보 단 한 사람을 통해 부활해야만 했었다. 문재인 후보는 그러한 운명에 처해 있었고, 문재인 정부에 대한 절대적 신뢰와 지지는 탄핵 정국부터 소위 '조국 사태'라고 불리는 검찰의 폭거 이전까지, 영원히 흔들리지 않을 것처럼 유지되었다.

박근혜 대통령 탄핵 정국, 추운 날씨에도 불구하고 광화문 광장은 국민들로 가득 찼다. 남녀노소를 막론하고 '박근혜 하야' 피켓과 종이컵에 꽂힌 촛불을 함께 들고 차가운 돌바닥에 앉아 함성을 질렀다. 여야 지지층을 막론하고 국민이 단결하여 '나라다운 나라를 원한다'고 외치던 몇 달. 국민들은 국정농단 사태에 대한 격한 분노에 사로잡혀 있기도 했지만, 분노를 위한 분노는 아니었다. 분노는 스스로를 희망으로 이끌었고, 희망은 눈앞에 다가온 꿈, 새 정부 출범과 완전한 민주화라는 현실을 불러내고 있었다.

국민들은 분노에 이끌려 광장에 나왔지만, 궁극적으로는 '제대로 된 나라', '나라다운 나라'에 대한 희망에 불타고 있었다. 촛불집회와 문재인 정부 출범에 관여한 요인들의 속사정이 어떠하였든, 국민들의 입장에서는 역대 시위 중 가장 자연발생적이고 평화적인 시위, 즉 진정한 의미에서의 '민중 집회'를 첫 번째로 경험한 것이었다. 또 그 집회가 싸움터가 아니라 축제 같았으며, 자발적 쓰레기 처리 등 수준 높은 공동체 의식이 발현되었다는 점까지 고려한다면, 국민들은 촛불집회를 통하여 대한민국의 영광을 보여주었다는 자신감을 갖기에 충분했다.

당시 민주당에는 인재가 넘쳐났다. 민주당 경선 후보였던 이재명은 한때 유명했던 '사이다 연설'로 '5공 청문회 스타'였던 노무현의 젊은 시절을 연상하게 하기도 했다. 이재명과 거의 비슷한 지지율을 보이던 안희정 후보는 어려운 말을 한다는 비판을 받기는 했지만, 그의 '시대교체' 슬로건에 공감하는 사람들이 많았으며, 안희정이라는 인물 자체가 하나의 브랜드로 자리매김했다. 안희정은 단지 외모가 잘나서가 아니라, 민선 5,6기 도지사로서 검증된 행정력과 독특한 정치철학, 그리고 직업 정치인이라는 정치가적 이미지로 인해 유일무이한 캐릭터이자, 독특한 미학을 지닌 지도자로 자리매김했다. 문재인 후보는 말할 것도 없었다. 명실상부한 차기 대통령으로서, 이미 정해진 길을 뚜벅뚜벅 걸어가는 고요한 영웅의 이미지로 국민들의 마음을 사로잡았다.

우리나라는 민주화된 국가이지만, 시민들의 의사가 언론에 직접 반영되는 일은 의외로 드물고 특별한 일이다. 우리나라에는 정치적 상황, 여론 등의 메시지를 언론 매체를 통해 일방적으로 쏘아 보내는 주체가 있고, 그것에 반응하는 '일반' 시민이 존재한다. 일종의 상층구조와 하층구조, 또는 계시자와 신자의 구조가 존재하는 것이다. 그렇기에, 평범한 국민들은, 노무현이 말했던 '평범한 보통 사람들'은 '내부자들'의 세계를 잘 모른다.

그럼에도 불구하고 '평범한 보통 사람들'의 마음이 모여 정치적 힘이 형성되는 것은 맞다. 그렇게 형성된 무형의 힘에 정치적 기치와 의제가 부여되면서 사회는 약동하고 변화한다. 그렇지만, 그렇다고 해서 '평범한 보통 사람들'이 깊은 수준에서 완벽하게 단결할 수는 없을 수도 있다. 정치적 힘이란, 실은 수많은 동상이몽의 군중들의 삶이 우연히 교집합을 맞은 결과일 수도 있다. 그렇긴 하나 촛불혁명은 그 자체로 꿈 같았다.

그러나 '새로운 세상'은 언제나 꿈일 뿐, 실체는 아니다. 그리고 사람은 꿈꿀 때 가장 정력적이다. 꿈은 정력을 강화시키며, 약한 인간을 강한 인간으로, 소극적 인간을 적극적 인간으로 만들어주는 힘을 가지고 있는 최고의 존재이다. 나 같은 일반 사람이 생각하는 정치(나는 안희정 사건이라는 주요 미투 사건의 내부자였지만 정치인은 결코 아니다)는, 꿈꾸는 사람들의 스태미너에 언어를 실어주는 일인 것 같다.

한국이 선진국화되면서, 혁명가의 시대가 지나가고 행정가의 시대가 열린다는 얘기는 오래전부터 나왔지만, 어쨌든 일반 국민의 눈높이와 감성에 비추어볼 때, 정치는 꿈꾸는 자들의 것이다. 더 정확히 설명한다면, 꿈꾸는 자들이, 자신의 꿈을 적확하게 설명해줄 '엘리트'들에게 자신의 영혼을 의탁하고, 구원을 청하는 어떤 집단적 에로티시즘의 형태에 머물러 있다고 나는 지적하고 싶다. 이 책에서 다룰, 페미니즘과 검찰의 난을 중심으로 보는 진보의 위기에 대해 다룰 때, 나는 정치에 대하여 평범한 보통 사람들이 가지고 있는 감성을 많이 참조할 것이다.

집단적 에로티시즘, 집단적 정력 방출. 길을 찾는 개인들, 소리 지를 허공을 찾는 아해들. 2016–17년, 우리는 뜨거운 심장으로 구원을 찾아 헤매고 있었다. 나는 직업 정치인도 아니고 전문 시사비평가도 아니므로, 일반 대중의 한 사람인 내 입장에서, 그때의 기류는 '마법처럼 그냥 생겨난' 것이었다. 그리고 나도, 다른 사람들과 같이, 집단지성이라는 마법을 믿었었다. 함께라면 다 될 것 같고, 연설을 들으며 박수를 치고 언론 매체에 올라오는 각종 논평들을 읽고 논객들의 이야기를 듣다 보면 다 이해할 수 있을 것 같고, 왠지 나도 매우 중요한 사람이 된 것 같은 느낌에 취해, 세간에 떠돌아다니는 말을 나도 주워섬기기 시작하면서 나는 시대를 느꼈다. 이런 순수하고 철없는 이야기에 코웃음 칠 만큼 세상을 잘 아는 사람들이 우리나라엔 많다. 그러나, 한국에서 청춘을 보내 본 사람이라면, 시위를 해 보고 정치적 관심을 가져 본 사람이라면 내 이야기에 공감하지 않기는 어려울 것 같다

'민주적 공론장'의 양가성

적어도 국민들이 보기에 촛불혁명은, 위에서부터의 혁명이 아니라 아래에서부터의 혁명이었다. 따라서 단지 탄핵 목적의 전투적 시위가 아니라, 다양한 사상과 의견이 오가는 민주주의적 토론.화합의 장을 국민들은 열어가고자 했다.

촛불혁명기에는 나라 전체가 공론장이었다. 이는 평범한 보통 사람들이 일상 속에서 가지고 있던 감성과 직감, 예감 등이 파도치던 시기였다는 말도 된다. 시민들의 이야기들에는 각자

의 삶의 정서가 실렸다. 물론 정치인들이나 방송사. 신문사 데스크에 근무하는 사람들 등의 '내부자들'은 어느 때보다 복잡한 계산을 해야 했겠으나, 그들의 사고방식이 어떠하였건, 그들이 얼마나 냉철했건 국민들은 그렇지 않았다. 어쩜 그들의 냉철함이 국민들의 간절한 낭만, 즉 혁명 정서를 뒷받침하고 있었고, 어떤 의미에서는 그들이 국민들의 움직임에 이리저리 끌려다니며 그때그때의 상황에 대처해나가고 있었다고 볼 수도 있겠다.

그러나 당시의 공론장은 또 다른 속셈을 가진 이들에게 더 없이 좋은 기회를 주고 말았다. 당시, 이 뜨거운 공론장은 진보적으로 보이는 모든 의제에 대해 관대했다. 마침 당시에는 트위터, 페이스북 등 sns를 중심으로 '넷페미'와 '트페미'가 활약하고 있었고, 그들은 메갈리아와 심지어 워마드와도 암묵적, 사상적 교집합을 형성하고 있었다.

그들이 래디컬 페미니즘의 언어로 그려내었던 '인권 유토피아'는, 진보진영의 시대정신으로 편입되었다. 이로써 젊은 여성을 중심으로 한 페미니즘적 움직임이 민주 진영과 합쳐지게 되었다. '완전한 성평등을 이루는 것이 곧 진정한 민주화다'라는 슬로건이 만들어졌고, 성평등과 민주화, 민주화와 정권교체는 불가분의 관계에 있는 것 같은 분위기가 되었다. 당시 분위기에 비추어 보면 당연한 것이었다. 왜냐하면, 진보주의적 슬로건, 새 시대를 향한 비전을 내포하는 말들, 인권과 인간중심적 가치, 공동체의 선진화를 향한 방향성을 내포한 모든 말들이 매우 환영받고, 함성 속에서 받아들여졌기 때문이다.

이러한 분위기에 따라 진보 - 페미 - 민주당, 보수 - 반페미 - 자유한국당이라는 대립 공식이 세워지게 되었다. 이 공식은 매우 강력해서, 기존 민주당 지지자 중 딱히 페미니스트는 아니었던 사람들까지 페미니스트로 만들기도 했다. 진보 지지 남성들은 자신들이 그동안 여성 문제에 얼마나 무심해 왔는지에 대한 자아비판을 했고, 여성 진보 지지자들은 그간 못 했던 '한 맺힌' 말들, 예컨대 일상 속에서 당했던 사소한 성희롱, 갑질, 결혼생활 중 불쾌했던 일, 성추행 등을 토로할 기회가 생기자, 평범했던 여성들도 자신도 모르게 페미니스트가 되어갔다. 문재인 후보는 페미니스트 대통령이 되겠다고 했고, 이에 따라 여성 표는 곧 페미니스트 표가 되었으며 페미니스트 표는 민주당 표가 되었다.

당시, '성평등 민주주의'와 '페미니스트 대통령'에게 박수를 치던 사람들은, 그 슬로건에 등장하는 '페미'의 실체에 대해서 거의, 아니 아예 몰랐을 것이라고 나는 거의 확신하고 있다. 앞서 말했듯, 사람들은 뜨거운 심장으로 구원을 기대하고 있었으며, 각자의 가슴 속에 새 나라를 꿈꾸고 있었다. 새 나라는, 대단한 선진국이 아니라 그저 '정상적인 나라'였다.

사람들은 3,4,5공화국의 망령 앞에 분노했을 뿐이고, 이와 대비되는 민주화 세력을 찬양할 뿐이었다. 그것만으로도 우리는 충분히 나은 미래를 실제로 성취했다. 문재인 정부의 성과는 적지 않았다. 문재인 정부 집권 기간 동안 우리는 '선진국'으로 공인받았고, 군사력도 세계 6위가 되었으며, 코로나 시국에서는 독보적 공공 보건행정력으로 세계를 선도했고, BTS를 필두로 K - 컬쳐도 전성기를 맞았다.

촛불혁명과 페미니즘 -
예상하지 못한 파시즘의 출현

문재인 정부 초기, '이니^(문재인 대통령 실명의 끝 자를 따서 만든 지지자들의 애칭) 하고 싶은 거 다 해'라는 말이 유행했다. 정부 지지율은 역대 최고였고, 국민들은 정부의 정책이면 정책, 의전이면 의전, 심지어 청와대 앞 식사 등 작은 행사에도, 지지 이상의 환호를 보냈다. 국민들은 자신들이 바라는 개혁이 실시간으로 이루어지고 있다는 기쁨에 취해, 정부 자체를 사랑했던 것 같다.

미투 사건과 검찰의 폭거 이전, 초기 문재인 정부는 그 어느 정부보다 명예로웠고, 정부에 대한 어떤 비판도 과거로의 회귀와 보수주의의 부활로 인식되었으므로 비판이 쉽지 않았다는 점에서는 무소불위의 '진보주의 성역'이라고 판단할 여지도 있었다.

그러한 흐름 속에서 페미니즘은 절대적 성역의 위치로 올라갔다. 페미니즘에 대한 비판이 곧 반민주적 행태이자 반인권적, 범죄적 발상으로 매도되었으며, 심지어 '반페미니스트'는 마치 주홍글씨처럼, 어디에서도 내세우기 어려운 부끄러운 정체성이 되었다. '나는 페미니즘에 반대합니다'라고 말하는 것은, '내 할아버지는 나치 부역자입니다.'라고 말하는 것과 같았다.

페미니즘은 곧 보편 인권을 위한 운동이며, 따라서 반페미니스트는 반인권주의자라는 논리 구조가 생기자, 안티 페미니스트는 공감 능력 없는 인면수심 취급을 당하기 시작했다. 이러한 움직임도, '페미니스트 대통령'의 '완전한 민주정부'에 대한 압도적 지지와 연동된 현상이었거나, 최소한 밀접한 인과관계가 있다고 나는 생각한다.

아무도 그 실체와 위력을 파악하지 못하는 동안, 페미니즘 세력은 소리 없이 확장되며 자신들의 때를 기다리고 있었다. 페미니즘은 '깨시민'이라면 모르고 넘어가서는 안 되는 진보적 가치관으로 취급되었고, 젊은 세대, 진보 지지층을 중심으로 크게 유행하며 민주화 움직임과 함께했는데, 이런 식으로 '한국화'된 페미니즘의 속내는 극우주의. 파시즘과 더 깊은 유사성을 띠고 있었다.

따라서 '완전한 민주화'를 위한 페미니즘은, 실은 한국의 진보주의와는 함께할 수 없는 것이었다. 둘은 물과 기름처럼, 첨예하게 부딪히는 지점을 갖고 대립할 수밖에 없는 성격을 갖고 있었다. 대표적으로, 진보 진영의 남성 지도자들에 대한 대중의 존경이 페미니즘 지지자들에게는 마뜩찮은 것일 수밖에 없었다. 이미 K-페미니스트들의 눈에 그들-남성 진보 지도자들-은 가부장적이고 여성을 수단화하며, 여성을 역사의 뒤안길로 감추고 여성의 영광까지 독차지하는 남성 영웅들의 환영이나 다름없었다.

당시 젊은 여성들 사이에서 유행하며 대선 정국에 시대정신처럼 급속도로 대중 속으로 파고들었던 페미니즘은 매우 근본주의적이라, 어떠한 남성성이든 '남성 권력'으로 매도할 준비가 되어 있었다. 그녀들은 아무도 모르는 사이에, 남성성을 악으로 매도할 구실을 찾고 있었고, 추방할 대상을 찾고 있었고, 그렇게 매도되고 추방된 남성이 사라지고 남은 빈 공간에 그녀들의 우상 또는 이념, 페미니즘이라는 새로운 성역을 심어 놓을 준비가 되어 있었다.

MZ세대 전체에게 촛불혁명이 가졌던 의미를 첨언하자면, 촛불혁명은 정권교체를 이루어낸 정치적 시민혁명이기도 했지만, 구시대의 잔재를 극복하고 새로운, 더 인간적인 사회환경을 향해 능동적으로 나아가고자 하는 문화혁명이기도 했다. MZ세대에 대한 공교육 차원에서의 역사 교육 부족 등으로 전자의 성격보다는 후자의 성격이 오히려 더 강했다고 볼 수도 있다.

소위 말하는 '꼰대'론, 회식 강요, 직장 내 갑질, 열정 페이 등, 고성장시대 대한민국이 저성장시대의 젊은이들에게 남긴 불쾌한 잔재들에 대한 비판 의식도 촛불혁명과 함께 공론장으로 떠오를 수 있었다. 이러한 문제를 제기한 이들 중에는 물론 남성도 많았다. 그렇지만, 그 남성들이 모르는 사이, MZ세대가 제기한 범국가적 문화비판의 지점들은 넓은 의미의 인권 문제로 분류되어, 페미니즘 진영의 이슈로 소리없이 포섭되었다. 페미니즘 진영은 모든 사람을 위한 인권 증진과 젊은 층의 진보적 움직임 지원책, 민주 정부 출범의 주역으로서 사실상 정치.사회.문화의 모든 부분을 포괄하는 권력으로 급격하게 성장할 수 있었다.

문재인 정부의 짧은 황금기와 부조리한 추락

적어도 국민이 체감하기에는, 촛불집회 시기부터 문재인 정부 초기는 대한민국의 황금기였던 것 같다. 국민의 한 사람으로서의 나 역시 마찬가지였다. 집회의 함성, 문재인 대통령 당선, 하루가 다르게 정상화되어가는 국가 시스템, 투명한 언론

보도로부터 나는 안도감과 희열을 동시에 느꼈다.

더 이상 교육부 회의에서 '국민은 개.돼지'라고 발언한 자의 오만무도함을 참지 않아도 되고. '일본의 식민지배는 하느님의 뜻이었다'고 말하는 문창극 총리 후보자 같은 자를 보지 않아도 된다는 기쁨만으로도 나는 '살맛 난다'는 느낌을 받았다.

당시 '문프 신드롬'은 문재인 대통령이 입었던 옷을 완판시키고, 문재인 대통령이 블렌딩한 커피를 핫 아이템으로 만들기까지 했다. 내가 그 옷을 사 입거나 커피를 마시지는 않았지만, 그러한 현상에 이질감이 들지 않고 자연스럽게 느껴질 정도로, 문재인 정부 초기의 분위기는 여러 방면에서 달콤했다. 국민은 정부에 취해 있었고, 어떤 국민들은 정부를 연모하고 있었다. 정부 출범 후 첫 광복절 기념회에서, 생존 여성 독립군 오희옥 지사의 올드 랭 사인 애국가를 듣고 나는 울었다. 이외에도, 탁현민 비서관의 생동적인 의전으로 국민들의 정치 효능감은 극대화되었다. 초기 문재인 정부는 국민들에게 정치의 참모습을 보여주는 듯했다.

재조산하의 의지를 다지며 청와대에서 엄청난 업무량을 소화하고 있는 관료들에 대한 국민들의 신뢰도 대단했다. 국민들이 보기에는 모든 것이 이상적인 상태를 향해 가고 있는 것처럼 보였다. 그냥 이상적인 게 아니라, 불가역적으로 이상적인, 그러니 다시 퇴보할 일은 없는, 단단한 초석 위에 아주 견고하게 올라가는 성을 보는 느낌을 국민들은 받았다고 생각한다.

우리나라의 진보 시민들은 바보 노무현처럼, 바보 기질이 있다. 이후에 어떤 시련이 닥쳐오든, 일단 희망이 보이면 무조건 지지하고 전진한다. 그러다 기득권에게 속고, 배신자를 목도하고, 자신들이 아직도 개.돼지 취급을 당하고 있음을 수없이 깨달으면서도, 매번 다른 방식으로, 더욱 더 큰 용기로 또 저항해 다시 희망을 만들어 놓는다. 그러한 진보 시민들에게, 문재인 정부는 '최종의 희망이자 가장 아름다운 현실'과 같았다고 나는 생각한다. 이명박, 박근혜 정권 동안에도, 국민들이 바보였건 개돼지였건 상관없이, 진보 시민들은 그때그때의 희망을 놓지 않고 전진하고자 하는 의지로 살아갔었다.

문재인 정부 초기 이후 소위 '조국 사태' – 검찰의 폭거 – 와 진보진영 정치인에 대한 미투로 지지율이 하락했다. 한겨레, 경향, 오마이뉴스 등 기존 '진보 언론'들은 진보진영의 편에 서지 않았고, 조국 일가를 파헤치는 검찰의 일거수일투족과 미투의 정당성에 관한 보도를 쏟아냈다. 그때, 나는 진보주의가 죽어가고 있다고 생각했다. 그러나 시민들은, 진보언론의 퇴색과 페미니즘 광풍 속에서도 대안 언론 방송 등을 통해 그들만의 방식으로 처절하게 저항하였다. 물론 대안 언론을 표방한 개인방송. 대안 언론 중에는 불순한 의도를 가진 주체들도 있었고, 소위 '사기꾼'들도 있었다. 그러나 적어도 그들의 시청자였던 시민들은 희망과 의지를 저버리지 않았다.

그 정도로 긍정적이고 역동적인 국민들에게 정부 초기의 상황은 고무적인 느낌 이상의 행복감을, 지금껏 살아온 인생에 보상 심리까지도 제공하기에 충분했다고 보인다. 그들에게 감정을 이입해 보면, 마음속에서 충만감과 설렘이 요동친다.

그러나, 진보 시민들의 의지와 상관없이, 어쩜 그들마저 분열시킬 정도로 심각하게, 정권 1년차에 발생했던 안희정 미투 사건, 또 정권 2년차부터 발생해 지금까지도 언론 지면에 등장하고 있는 검찰의 폭거 – 소위 '조국 사태' – 라는 민주당 정권에 대한 대단한 악재들은 나라 전체를 혼란으로 밀어 넣고 말았다.

이 사건들이 나라를 혼란에 빠뜨리는 데에 당시 야당이 한 일은 별로 없다. 따라서 이 모든 사건이 야당의 공작이었다는 논리는 근거가 부족하다. 윤석열 검찰총장을 임명한 사람은 문재인 대통령이었고, 안희정 지사 미투 당시 팩트체크도 하지 않은 채 하루 만에 민주당에서 제명하고 국민 앞에 자당의 성비위를 사과하며 안 지사의 정치생명을 끊어버린 것도 모두 민주당 의원들이었다.

조국 사태에서나 안희정 사건에서나 공히, 민주당은 진실을 명확하게 밝히고, 잘못한 사람이 누구인지, 실제로 '위력'과 '폭력'을 쓰고 있는 사람이 누구인지 명확하게 밝히고, 우리 사회의 정의관과 가치기준을 바로 세우며 한국정치의 수준을 한 단계 올리기 위해 노력했어야 했다. 그러나 민주당은 조국과 안희정을 '내부의 적'으로 설정했고, 그들에 대한 공정한 대응을 위시하며 그들의 방어권을 빼앗고, 그들을 사회적으로 살인했다. 그리고, 조국 전 장관을 지지하는 민주당 당원들을 '강성 지지층'으로 몰아 당내에서 배척하려고까지 했다.

국민들이 바라던 공정은 그런 식의 비굴한 공정이 아니었다. 국민들은 촛불혁명에 무한한 지지를 보냈으나, 민주당 내부에서는 촛불혁명의 진정한 의미를 오해하고 있었다. 촛불혁명의 진정한 의미는 좋은 국가의 표준을 다시 세우고 선진화된 사회로 나아가는 것에 있었다. 어쩜 검찰의 폭거와 안희정 미투 사건은 한국의 진보주의가 기득권 앞에서 왜곡된 진실을 밝히고, 사회악의 구조를 폭로하며 한 단계 성장할 수 있었을 기회였을 뿐 아니라, 그렇게 도약함으로써 국가 주도세력으로서의 명예와 주체성을 획득할 수 있는 기회였는데, 민주당은 이 좋은 기회를 스스로 포기하고 만 것이다. 조국 전 장관을 향한 검찰의 폭력과 안희정 지사 미투 사건에 대한 민주당의 태도는 '잔인한 눈치보기'였다고 나는 생각한다.

특히 소위 '조국 사태'는 조국 장관 후보자에 대해 제기된 혐의의 경중을 막론하고, 검찰의 편파 정치수사가 준동하고 있다는, 노무현 대통령을 죽음으로 몰아넣었던 바로 그 방식의 폭력이 시작되고 있다는 사실을 눈치챌 새도 없이, '내로남불'과 '위선'이라는 키워드에 민주당을 가두어 버렸다. 이때부터, 민주당은 무슨 말을 해도 욕을 먹기 시작했던 것 같다.

문재인 정부의 황금기는 짧았고, '내로남불'과 '위선'이라는 키워드는 마치 '성인지 감수성'처럼, 우리 사회의 일반명사로 자리잡아 버렸다. 조국 전 장관에 대한 검찰의 폭력과 페미니즘 이슈들로 인하여, 문재인 정부는 국가 운영에 있어 매우 성공적이었던 여러 치적들까지도 국민들에게 인정받지 못하는, '성공했으나 실패한 정부'가 되어 버렸다.

'조국 사태'가 문재인 정부의 동력을 빠르게 상실시켰다면, 페미니즘 문제는 조금 더 복잡한 수순을 밟았다. 페미니즘은 문재인 정부의 시대정신으로서, 페미니즘을 지지하는 것이 정상이고, 그렇지 않은 사람은 완전히 비정상 취급을 받았다. 게다가 K-페미니즘의 특성상, 조금의 비판이라도 '백래시'로 규정되면서 비판자로 하여금 죄의식을 갖게 하고, 또 비판자는 사회에서 배척당하게 되는 분위기가 팽배해졌다. 그래서였는지 정치권 1호 미투였던 안희정 미투에서 민주당 의원들이 진실을 밝히는 데에 관심을 두지 않았고, 페미니즘이라는 시대정신을 지킨다는 미명 하에 민주당의 '사과와 자학의 정치'가 시작되었다고 나는 생각한다.

물론, 동지가 잘못을 했다면 동지를 버려도 된다. 그것은 합리성의 문제이다. 다만, 동지를 버릴 때는 충분한 이유가 있어야 한다. 그러나 민주당은 합당한 이유 -즉, 팩트에 기반한 올바른 판단과 가치 기준 제시-를 하지 않고, 자신들의 체면과 명분을 잃지 않기 위해 동지를 버렸다. 그러한 행태가 민주당의 나름대로 오래된 비겁한 전통이라는 사실을 나는 뒤늦게 알게 되었고, 민주당이 – 특히 당권 투쟁과 편가르기의 측면에서 – 많이 다르다는 사실도 알게 되었다. 어쩜 민주당은 안희정 지사에게도 그들의 오래된 습관을 반복한 것이다. 검찰과 K-페미니즘 진영의 폭력에 제대로 대응하지 않은 민주당은 지금, 윤석열 정부를 통해 그 대가를 톡톡히 치르고 있다고 나는 생각한다.

문재인 정권의 추락을 인정하지 않는 사람들은 지금도 많다. 지금도 그는 수많은 추종자를 보유하고 있고, 촛불정부의 후광은 지금도 존재하며, 어떤 의미에서는 존재해야만 한다. 이제 윤석열 전 검찰총장이 대통령에 당선됨으로써 '조국 사태'도 어느 정도 지나갔고(물론 조국 전 장관과 그의 가족들은 여전히 고통 속에 있다), 페미니즘 광풍도 나름의 소강 상태를 맞고 있다(당연히, 억울하게 또는 모호하게 가해자가 된 남성들 또한 여전히 고통 속에 있다). 우리는 이전과는 전혀 다른 국가에 살고 있다고 표현해도 과언이 아닐 만큼 낯선 세상을 살아나가고 있다. 우리는 지난 시간에 대한 생산적 비판을 가감없이 하고, 새로운 길을 찾아 나서야 한다.

앞선 장에서, "우리는 어떤 시대에 살고 있는가?"라는 물음에 나는 다음 세 가지로 답했다.

- 우리는 페미니즘 광풍이 휩쓸고 지나간 시대에 살고 있다.

- 우리는 김대중. 노무현 정신으로 상징되는 진보주의의 명맥이 끊어진 시대에 살고 있다.

- 우리는 퇴화된 남성성과 왜곡된 여성성의 거세된 시민들로 살고 있다.

페미니즘 광풍이 없었다면, 아래 두 가지 요소도 없었을 것이라고 나는 생각한다. 그 이유는 수없이 많지만, 얼개는 이렇다.

먼저, 페미니즘 움직임은 촛불혁명과 함께하며 누구도 쉽게 견제하기 어려운 정당성과 동력을 얻었다. 한국의 최종적, 근본적 민주화라고 인식되었던 촛불혁명을 부정할 수 있었던 사람은 당시에 거의 없었다. 페미니즘은 촛불혁명과 문재인 정부 출범의 동력에 편승하여, 단기적으로나마 '시대정신' 취급을 받을 수 있었다. 페미니즘 세력은 바로 그 명분 – 민주화를 향한 시대정신의 한 맥으로서 함께한다, 국가개혁의 필수 요소다 – 으로부터 무소불위의 동력을 얻어 반성도, 성찰도 없이, 외부로부터의 견제도 허용하지 않은 채 그들만의 유토피아를 꿈꾸었다.

꿈은 단지 꿈으로 머물지 않았고, 페미니즘 진영은 '여남 평등'을 통한 완전한 민주화라는 궁극적 목표 하에, 미투, 레디컬 페미니즘 선전, 몇 개의 시위, 도서출판, 교육, 기타 사법적, 행정적 권력 행사 등을 진행했다. 모든 과정의 취지는 의미가 있었다고 생각한다. 그러나 그 일들을 추진하고, 무리하게 완수해나가는 과정에서 사회적으로 일어나서는 안 되는 여러 사건들을 일으켰는데 이는 돌이킬 수 없는 결과를 낳았다.

페미니스트들은 여론을 거의 조작하다시피, 진보 시민들의 여론 전체를 그들의 홍위병이나 다름없게 만들어 진보주의의 정체성 자체를 흐리게 해 놓았을 뿐 아니라, 광범위한 행정적, 사법적 권력을 행사하고 언론도 장악했다. 내가 행정적. 사법적 권력이라고 언급하는 문제는 사회 곳곳에서 젠더갈등을 일으켰다. 이 책에서 비판하게 될 미투 사건 외, 공론화되지 않은 여러 사건들에서도 그 사건들과 매우 유사한 구조를 취하며 '공포 사회'를 만들었기 때문이다.

K - 페미니즘은 좋은 가치들을 무력화시키고, 인간성을 퇴행시켰으며 지금은 마치 아무 일도 없었다는 듯이 아무 책임도 지지 않고 이미 얻은 정치권력을 바탕으로 그들의 안위를 도모하고 있다.

또한, 페미니즘 광풍만의 독특한 문제는, 페미니스트들이 인간의 원초적 감정에 손을 댔다는 점이다. 깨끗함과 더러움과 관련된 부분, 머리로 생각하기보다 마음으로 느끼고 몸으로 반응하는, 가장 자연적이고 원시적인 부분에 대하여 감정을 조작하는 방식으로 권력을 행사했다는 점이다. 그들은 지그문트 프로이드가 말한 '초자아'를 조작함을 통해 권력을 추구한 것이었다. 초자아는 종교 전쟁 등, 논리를 통해 깨지지 않는 이데올로기를 관장하는 뇌의 부분으로, 인간이 초자아에게 지배당할 때는 그 어느 때보다 강력한 에너지를 내뿜는다. 따라서 페미니스트들이 잡고자 했던 그러한 형태의 권력은 사회의 분위기와 문화를 바꾸어 놓기에 충분한 힘을 가지고 있었다. 페미니즘 광풍이 없었다면 윤석열이 대통령이 되는 일도 없었을 것이라고 나는 생각한다.

나는 안희정 캠프의 막내, 마지막 참모였습니다.

이 책은 나의 직접 경험을 바탕으로 쓰여졌다. 촛불혁명 당시 나는 스물두 살, 안희정 캠프사무실의 막내 상근사무원이었다. 본래 나는, '예술 보좌관'이 되고 싶어 안희정 캠프에 들어갔다.

노무현 정부에는 '책 읽어주는 비서관'이 있었다고 한다.

책 읽어주는 비서관의 직무는 문학, 과학, 인문, 사회 등 각 분야의 명저들을 읽고, 주말마다 대통령에게 자신이 읽은 책의 내용을 브리핑하는 일이었다고 한다. 이 비서관의 역할이 각종 이해관계와 무거운 업무에 지친 대통령으로 하여금 세상에 대한 순수한 영감과 상상력을 보충해 주는 것이었다면, 나는 내 전공인 미술로서 그러한 역할을 더욱 폭넓게, 보다 감성적이고 직관적으로 해 보고 싶었다. 방금 설명한 내 꿈은 캠프에서 일하면서 더욱 구체화된 것이다. 캠프 사무원이 되기 이전의 나는, '내가 있을 곳은 안희정 캠프다'라는 직감뿐이었다.

나는 안 지사가 참석한다는 행사에 참가했고 국회의원실 로비에서 지사를 만나 무턱대고 같이 일하고 싶다고 말했다. 수행비서가 건넨 명함을 받고 약 2주 동안 두 번의 면접을 보았고, 나는 캠프 사무실 상근자가 되었다. 나는 더 인간주의적인, 더 평등한, 그렇기에 예술적일 수도 있는 정부에 일익을 담당하기를 꿈꾸었다. 그리고, 그러한 길로 가는 길에 헌신할 준비가 되어 있었다. 내가 캠프에 들어간 시점은 1월 27

일로 촛불집회가 마지막 불을 태우고 있을 때였고, 나는 사무실에서 선배들과 대통령 탄핵 장면을 함께 보며 환호성을 질렀다.

나는 역사의 현장에서 내 역할을 찾아 일하고 있다는 자신감에 차 있었다. 출근길, 여의도 빌딩 사이로 부는 칼바람은 나의 열정에 봄눈처럼 녹아 순풍으로 변했다. 정치라는 낯선 분야에 맨몸으로 뛰어든 나는 실수를 연발했고, 모든 일에 차질을 빚으면 안 된다는 책임감에 짓눌려 화장실에서 혼자 울기도 했다. 당시에는 마치 '센과 치히로'에 등장하는 센이 된 기분이었다. 일요일에 근무할 때면 순복음 교회에서 찬양 소리가 울려퍼져 창문을 닫아야 했다.

내가 1장, 2장에 쓴 글의 투가 다소 건조하여, 당시 나와 나의 동지들이 느끼고 있었던 공기가 얼마나 신선하고도 뜨거웠었는지는 충분히 전해지지 않은 것 같다. 그러나 시대는 가도 미학은 남는다고, 결국 기억되는 것은 사실들의 나열이 아니라 정서라고 나는 생각한다. 위에서 언급한 페미니즘에 대한 개괄적 문제들은 모두 내가 '내부자'로서 직접 경험한 안희정 사건에 대하여 오랜 시간 고민했던 내용을 정리한 것이다.

원인 없는 결과는 없고, 사회 현상들은 다양한 방식으로 길항작용하며 사회의 풍경과 흐름을 형성해 간다. 그 어떤 사건도, 사회. 문화. 정치적 배경으로부터 완전히 분리된 채로는 고찰의 대상이 될 수 없다고 나는 생각한다. 앞에서 민주당과 촛불집회, 조국 사태 이야기를 자세하게 했던 것도 그 때문이다. 모든 진술에는, 법정에서의 진술이든 개인적 진술이든, 리얼리티가 필요하고, 레퍼런스도 필요하다.

페미니즘 광풍과 윤석열 검찰의 폭거, 무력했던 정부와 민주당 관료들이 가장 안 좋은 방향으로 시너지를 냈기에 생겨난 사회 분위기를, 거기에서 분실되어 버린 인간성을 회복하기 위해 나는 이 글을 쓴다. 뒤에서 자세히 짚겠지만, '왜 보수 진영의 성 비위는 방치하고 진보 진영의 성 스캔들을 범죄화하느냐'는 의구심을 표시하는 사람들이 많았는데, 사람들은 극우

진영과 페미니스트들의 협잡이라는 식으로 상황을 규정하기도 했다. 그러나 여기에는 이보다 더 복잡한 문제가 얽혀 있다. 미투가 진보진영에 집중되는 문제는 결국, 여성의 감정을 처리하는 방식에서 보수와 진보가 현격한 차이를 보이기 때문이라고 나는 잠정적으로 결론 내리고 있다.

보수진영의 사람들이 여성의 허영심을 미끼로 여성을 취한다면, 진보진영은 동지애와 순수한 충성심, 사랑 등을 내세운다. 물론 진짜 성범죄의 영역에 들어가는 사건들은 보수냐 진보냐, 남자냐 여자냐를 불문하고 악의 영역으로 분류해야지만, 범죄 - 비범죄 여부를 다툴 수 있는 모든 스캔들에서는 보수.진보에 대한 나의 분류가 대체로 통할 수 있을 것 같다.

또한, 진보진영 리더들을 끌어내리는 데에 유난히 집착하는 페미니스트들의 행태는, 말로 설명하기는 어렵지만 남성성에 대한 페미니스트들의 왜곡되고 환상화된, 변태적인 감각과 관련 있다고 생각한다. 그들의 이러한 비현실적 성인지 감수성에 대해, 여성인 나는 분노를 넘어 그들과 생물학적 동족이라는 사실로부터 자괴감을 느끼기도 했었다.

4

2018년
3월 5일,
안희정 사건

첫 인터뷰로부터 5년여가 흐른 지금에 와서 생각해보건대, 당시 JTBC는 김지은 비서 인터뷰를 통해 사실을 보도한 것도 아니었고, 거짓을 보도한 것도 아니었다. 그들은 어떤 새로운 이념에 입각한 새로운 인식 체계를 소개했던 것이다. '이런 것도 강간이 될 수 있다'라는 새로운 사고방식을 '보도'했다고 이제 나는 이해한다.

그러자 언니는 '지금 네가 하는 그런 생각과 말 자체가 지은 언니에게 상처가 될 수 있다는 생각은 안 해보았느냐'고 물었다. 나는 대답할 말이 없어 잠시 버벅댔다. 했던 말을 또 하며 버벅대는 나에게 언니는

'너는, 지은 언니가 피해자라고 생각은 하니?'

라는 결정적인 질문을 했고, 나는 '네'라는 확답을 끝내 하지 못한 채 전화를 끊었다.

2018.3.5.
인터뷰 당일

 안희정 지사의 전 수행비서 김지은 씨가 JTBC 뉴스룸에서 인터뷰를 했던 날, 나는 학교에서 돌아와 초저녁 잠을 자고 있었다. 등 뒤에서부터 끼쳐오는 이상한 느낌에 잠을 깼고, 부모님은 이미 난리가 나 있었다. TV화면에는 익숙한 얼굴이 있었다.

 당시 언론 신뢰도 최상위권이었던 JTBC 뉴스룸에서 창백한 얼굴로 고개를 숙인 채 앉아 있던 여인의 얼굴이 어딘가 익숙했다. 그녀는 안희정 캠프 시절 한솥밥을 먹었던 내 선배였다. 경선캠프 시절에는 홍보팀에 근무하다가, 경선 이후 수행비서로 도청에 들어갔던 선배였다. 그녀는 성실하고 헌신적인 '일

중독자'로 정평이 나 있을 정도로, 업무 면에서나 인간성 측면에서나 사회생활 기술의 측면에서나 평판이 아주 좋았고, 나에게도 잘해주었다.

그런데 선배의 모습이 좀 이상했다. 평소 즐겨 하던 풀 메이크업은 사라지고 화장기가 전혀 없는 수척한 얼굴을 하고 있었다. 입술은 흰 컨실러를 바른 것처럼 창백했고, 평소 눈썹 속까지 그리던 아이라인과 짙은 눈썹이 사라지니 광대뼈가 두드러져 보였다. 그래서 나는 선배를 못 알아볼 뻔했다. 분명 내가 알던 그 사람이라는데, 내 눈으로 보기에는 처음 보는 것보다 더 낯선 여인이 무어라 말을 하고 있었다.

손석희 앵커는 성'폭'행에서 '폭'자를 강조해서 오프닝 멘트를 했다. 그러자 여인은 불안한 시선을 이리저리 돌리다 말을 하기 시작했다.

…… 저한테 안희정 지사는 처음부터 끝까지 안희정 지사였고, 지사님이었습니다. 수행비서는 모두가 NO 라고 할 때 YES 라고 하는 사람이고, 마지막까지 지사를 지켜야 되는 사람이라

고, 지사님도 저한테 얘기해주신 것 중에 하나가, 늘 얘기하시는 것 중에, '네 의견을 달지 말라', '네 생각을 얘기하지 말라', '너는 나를 비춰주는 거울이다.' 투명하게 비춰라.' '그림자처럼 살아라.' 그렇게 얘기하셨습니다. 그래서 저는 지사님이 얘기하시는 거에 반문할 수 없었고, 늘 따라야 되는 그런 존재였습니다. 그가 가진 권력이 얼마나 크다는 걸 알고 있기 때문에, 저는 늘 수긍하고 그의 기분을 맞추고, 그리고 항상 지사님 표정 하나하나 일그러지는 것까지 다 맞춰야 되는 게 수행비서였기 때문에 아무것도, 푸, 거절할 수 없었습니다. 그렇기 때문에 제가 원해서 했던 관계가 아닙니다.

선배의 말은 나에게 아무 감정도 유발하지 않았다. 충격도, 상실감도, 분노도, 희망도 연민도…… 인간이 느낄 수 있는 감정 중 어떤 것도 내 안에서 일어나지 않았다. 그리고 나는 선배의 말로부터 아무런 상황도 상상할 수 없었다. 일단 '말'이 '말'로 들리지 않는 일시적 난청 증세가 나타날 정도로 혼란스러웠던데다, '지사를 무조건 따라야 했기에 성관계에 응했다'는 사실 또한 납득하기 어려웠다. 더군다나, 그러한 성관계를 '성폭행' 즉 강간으로 칭하는 게 맞는지에 대해서도, 순간적이었지만 의심이 들었다.

그러나 당시 나는, 서지현 검사 미투와 특히 이윤택 미투에서의 피해자들의 처절함을 잊지 못하고 있었다. 그래서, '혹시 선배가 당한 일이 내가 상상할 수 없을 정도로 끔찍한 무언가는 아닐까' 하고 막연히 생각해보게 되기도 했다. 게다가, JTBC는 국정농단 폭로와 문재인 정부 출현 과정에서 결정적 역할을 했던 '진실 보도' 방송사로서, JTBC가 거짓을 보도할 것이라고는 상상조차 하지 못했다.

첫 인터뷰로부터 5년여가 흐른 지금에 와서 생각해보건대, 당시 JTBC는 김지은 비서 인터뷰를 통해 사실을 보도한 것도 아니었고, 거짓을 보도한 것도 아니었다. 그들은 어떤 새로운 이념에 입각한 새로운 인식 체계를 소개했던 것이다. '이런 것도 강간이 될 수 있다'라는 새로운 사고방식을 '보도'했다고 이제 나는 이해한다.

인터뷰 도중, 선배는 시종일관, 동등한 관계가 아니라는 사실을 강조했다. 그리고 SOS를 치려고 많은 노력을 했다고도 말했다. 그러나 도움을 받지 못했다고 했다.

15분 남짓의 인터뷰 중 내 기억에 남는 말은 아래 두 가지이다.

첫 번째 대목은 '미투 언급을 한 날 또 성폭행을 했다'이다.

· 사회자: 없는 기억으로 하려고 했습니다만은 지금 이 자리에 이렇게 나오셨습니다. (네) 이렇게 결심하신 배경은 뭡니까?

김지은: 음...... (한숨) 지사가 최근에 저를 밤에 불러서 미투에 대한 얘기를 했습니다. 미투에 대해서 불안해하는 약간은 기색을 보이셨던 것 같은데, 저한테 '내가 미투를 보면서 그게 너에게 상처가 되는 건 줄 알게 되었다. 미안하다. 너 그때 괜찮느냐. 그때 그렇게 얘기를 해 주셨는데, 아 그래서 오늘은 안 그러시겠구나라고 했는데, 생각을 했는데, 결국엔 또 그날도

그렇게 하시더라고요. 아…….

사회자: 언제 일입니까?

김지은: 2월 25일입니다.

사회자: 2월 25일. (네) 어……서지현 검사가 이 자리에 나왔던 것이 1월 29일이고 (네) 그로부터 대략 한 달 정도 지난 상황이었으니까 뭐 다 아시는 것처럼 미투 운동이 굉장히 활발하게 벌어지던 그런 상황인데 (네) 그 상황 속에서도 그런 일이 있었다는 말씀이신가요?

김지은: 네. 미투 언급을 하고 미안하다고 사과한 상태에서 또다시 그랬다고 하는 게 저한테는 '아, 여기는 벗어날 수가 없겠구나. 지사한테 벗어날 수가 없겠구나.' '아…… 나 어떻게 하면 벗어날 수 있을까'라는 생각을 (예) 하게 되었습니다.

이 대목에서, 손석희 앵커는 평소와 달리 상당히 격앙된 기

색을 보였던 것 같다. 나는 이 대목을 듣고, 이 인터뷰에 내포되어 있는 페미니즘적 관점을 파악할 수 있었다. 김지은 씨가 사실을 말하는지 거짓을 말하는지는 중요하지 않았다. 다만 그녀가 감히 거짓을 말한다고 의심할 수 없게 하는 포인트가 바로, 손석희 대표의 분노한 기색과 김지은 씨의 절망스러운 표정이었다.

이 인터뷰에는 분명한 관점이 있었고, 그 관점은 '권력자의 위선이 작동하는 방식을 폭로하는 것'이었다. 그것이 사실에 기반했는지, 하지 않았는지는 이미 중요한 쟁점이 아니었다. 인터뷰를 시작할 때부터 김지은 씨의 호칭은 '피해자'였으니까.

위에 소개한 대목이 많은 여성들을, 또 그 아버지나 오빠나 남동생들이나 어머니들을 격분케 했음은 의심의 여지가 없어 보였다. 사실 여부를 떠나, 이는 직장 내에서 하급 사원을 끈질기게 괴롭히는 자들의 수법과 맞아떨어졌기 때문이다. 나는 이 대목에서, 이 사건에 대한 대중의 감정이, 김지은 씨에 대한 안희정 지사의 성폭행 사실 여부와 상관없이, 즉 실체적 진실과 관계없이, 각각의 사람들이 겪었던 개인적 경험들이 사건에 투영되어 불길처럼 타오르게 만드는 불씨를 보았다. 즉, 실체적 진실을 확인하고 검증할 의지를 스스로 내려놓게 만든 대목이었다는 것이다.

지금으로서는 상상하기 어렵겠지만, 당시 김지은 씨는 20,30대 여성은 물론이고 40대 이상 남성들의 지지를 상당히 많이 받았다. 1심 판결이 나던 날 나는 서부지법 앞에 있었는데, 김지은 씨 지지자와 안희정 지사 지지자가 격렬한 몸싸움을 벌이는 것을 말리다가 부상을 당할 뻔했다. 몸싸움의 주인공은 대부분 남성들이었다.

이제 두 번째 대목을 보자. 두 번째 대목은 '제가 안희정 지사와 너무 다른 존재라서 국민들이 지켜주기를 바란다'이다.

· 사회자: 아, 그동안에 잘 아시는 것처럼 미투를 하신 분 중의 일부는 가해자가 적극적으로 부인하면서 진실 공방으로 흐

르는 그런 양상도 보인 바가 있습니다. 실제로, 변호인들도 말씀을 해 주셨겠지만, 성폭력 피해의 경우에 이제 그걸 입증해야 되는 그런 문제가 생겨서, 만일에 증거가 조금이라도 불충분하다거나 하면 재판에서 불리하게 돌아가는 경우도 종종 있어 왔구요, 그런 것들 때문에 사실은 이런 것들도 좀 바꿔 나가야 된다 하는 것이 미투 운동의 핵심적 본질 중의 하나이기도 합니다. 그래서 법적 공방, 당장 내일부터 이제 변호인들이 법적 공방으로 들어가면, 대응으로 들어가면, 김지은 씨 측에서는 굉장히 피곤한 일들이 계속될 것 같습니다. 그거 다 생각을 물론 하셨겠죠. (네) 어, 내 놔야 될 뭐 그러면 증거라든가 하는 것들, 또 음, 지금 있으십니까? 왜냐하면 이렇게까지 말씀하셨는데 걱정이 되어서 드리는 말씀입니다.

김지은: 제가 증거이고, 제가 지사와 있었던 일들을 모두 다 얘기할 것입니다. 제 기억 속에 모두 다 있습니다.

(중략)

사회자: 자, 아까 잠깐 말씀드렸습니다만, 오늘 인터뷰 이후

가 더, 정말 죄송한 말씀이지만 더 힘들어질 수도 있습니다. 끝으로 혹시 말씀하실 게 있다면 잠깐 듣겠습니다.

김지은: 음, 인터뷰 이후에 저에게 닥쳐올 수많은 변화들, 충분히 두렵습니다. 하지만 저한테 제일 더 두려운 것은 안희정 지사입니다. 실제로 제가 오늘 이후에라도 없어질 수 있다는 생각도 했고, 그래서 저의 안전을 보장받을 수 있는 게 방송이라고 생각했고, 이 방송을 통해서, 국민들이 저를 좀 지켜줬으면 좋겠어서, 조금이라도, 지켜줬으면 좋겠고, 진실이 밝혀질 수 있도록 도와줬으면 좋겠습니다. 제가 너무, 지사와 너무 다른 존재이기 때문에 그 힘을 국민들한테 얻고 싶은 거고, 그리고 그를 좀 막고 싶었습니다. 그리고 제가 벗어나고 싶었고…… 그리고 다른 피해자가 있다는 걸 압니다. 그들에게 용기를 주고 싶었습니다.

이 대목은 시청자들의 혁명적 정서를 자극하는 대목이었다. 권력자의 폭주를 막기 위해 발언대에 선 한 사람, 그리고 그에게 연대하는 수다한 시민들은 과거 민주화 운동의 풍경을 연상시킨다. 특히, 그러한 풍경은 정치 지도자가 아닌 일반 시민들의 시각에서 보았을 때 전형적으로 실행되던 방식이었다. 위에서 소개한 인터뷰 대목을 통해, 김지은 씨는 일종의 새로운 정치 지도자가 되었다. 그리고 그녀의 미투에 연대하는 시민들은 민주 투사가 되었다.

'군부독재 청산과 민주화 이후, 우리가 더 나아갈 길이 있다면 미투 연대가 아니겠는가' 하고 생각하는 사람들이 당시로서는, 특히 젊은 층에서 꽤 일반적이었고, 소위 386세대의 생각도 그러했다. 즉, 이 인터뷰를 통해 팩트는 이미 저 멀리 가고, 과거 혁명의 시대의 영혼이 불려온 것이다.

인터뷰 이후 며칠 – 천사와 악마의 환영들 속에서

인터뷰 당일 이후로 나는 이틀 밤을 거의 샜다. 밑도 끝도 없는 혼란스러움 때문에 잠은커녕 가만히 있기도 힘들었던 것 같다. 나는 다리를 떨며 앉아 포털 화면을 거의 3초에 한 번씩 새로고침하며 사건과 관련된 모든 뉴스를 읽고 또 읽었다. 글자를 보는 건지, 글자 모양의 어떤 벌레를 보는 건지 불분명해져서 더 이상 읽는 것도 의미가 없었지만, 그래도 나는 읽었고, 급기야는 내가 읽는 말들이 귓가에 환청처럼 울려퍼졌다.

가족들이 잠든 밤, 나는 휴대폰에 안 지사님의 사진을 검색해 보았다. 그가 보고 싶었다. 범죄자가 되기 전의 얼굴이 보고 싶었다. 경선 때 했던 인터뷰 캡처화면 중 얼굴이 정면으로 나온 사진을 액정에 띄워 놓고, 가만히 바라보았다. 마치 윤두서의 자화상을 보듯, 드러난 것 이면의 정신과 사상, 욕망, 그의 과거 인생사까지도 받아들이고 있었다.

그는 참으로 깊은 사나이였다. 바라보기, 그것밖에는 할 수 없는 일이 없어 그렇게 하기는 했지만, 어쩜 나는 이 상황에서 꼭 필요한 일을 하고 있기도 했다. 나는 인터뷰를 보고 시뮬라크르를 생각했다. 시뮬라크르는 프랑스 철학의 주요 개념으로, 원상보다 모상이, 실체보다 환영이 지배하는 세상의 작동 양상을 뜻한다. 나는 미투라는, 사실 확인되지 않고 가해자와 피해자가 정해져 버린 미투라는 시뮬라크르 속에서, 감각의 단서, 영혼의 단서를 찾아헤매고 있었다. 고통스러웠다.

    지사의 사진을 한참 보고 있던 찰나, 기괴한 일이 일어났다. 갑자기 지사의 얼굴이 악마처럼 일그러지기 시작했다. 내가 존경하고 따르던 초롱초롱한 눈이 갑자기 이글이글 불타며 야성을 내뿜었고, 늘 나에게 반가움과 충만함을 주었던 그의 웃음은 온갖 방향으로 주름이 패이며 추악하게 일그러졌다. 드러난 이빨 하나하나가 튀어나올 것만 같이 쭈그러지고 비틀어지고 구겨졌다. 그러다 별안간, 내가 원래 알던 예의 그 정다운 얼굴이 돌아와 내게 인사를 건넸다. 악마와 천사, 악마, 천사, 선, 악, 미, 추가 저 혼자 반전과 반전을 거듭하는 가운데, 나는 마치 마약에 취해 BAD TRIP – 마약중독자들이 마약 투약 후 기분 좋은 환각이 아닌 악몽을 경험하는 마약 부작용 – 을 겪는 사람처럼 극도로 혼란스러워하다가 거의 탈진 상태가 되어 버렸다.

이틀 후, 지사가 행방불명되었다는 뉴스가 나왔다. 나는 지사의 개인 번호로 미친 듯이 연락을 했다. 잠시 후, 지사는 텔레그램 메신저를 통해 가족들과 함께 있다는 전언을 해왔고, 나에게 미안하다고 했다.

나는 **"저는 괜찮아요. 제가 문제는 아니지만."** 이라는 뭔가 이상하고 차가운 답을 보냈고, **"극단적 선택은 안 됩니다"**라는 상투적이지만 분명 간절한 당부를 했다. 그러자 지사는 'ㅜㅜ' '안녕' 이 두 마디를 남겼다. 나는 지금도, **"제가 문제는 아니지만"** 이라는 말을 한 것을 후회한다. 내가 문제가 아니라면, 김지은 씨가 문제라는 뜻이 되었고, 이는 내가 지사를 – 다른 사람들과 마찬가지로 – 어느 정도는, 아니, 그 정도가 어떻든 이미 그렇게 느낀다는 점에서 성범죄자 취급을 한다는 뜻이 되었다. 나는 왠지, 이성적으로 말을 해야만 할 것 같아 그렇게 말했던 것이었는데, 나의 이성 역시 광풍의 방향을 닮고 있었다는 사실을 나중에야 깨닫고 후회했다. 나의 차가움이 지사를 절망케 했을 것이라는 미안함 때문에, 나의 후회는 길었다. 언젠가는 지사에게 사과를 꼭 드리고 싶다.

나는 "안녕히"라고 답한 뒤, 급격하게 아득해져오는 마음을 숨기지 못하고 혼자 이상한 행동을 했던 것 같다. 발작도 아니고 그렇다고 눈물을 흘리는 것도 아닌, 이상한 표출을 아무도 몰래 했던 것 같다. 당시의 감정은 워낙 복잡해서 아무것도 느끼지 않고 있는 것과 다르지 않을 만큼 난해하게 소용돌이치고 있었다. 나는 왜 그토록 혼란스러웠을까?

이제 와서 돌이켜보면 나는 안 지사님을 범죄자라고 믿어야만 한다는 어떠한 세뇌에 잠시 걸려있었던 듯했다. 일단 그가 방송에서 가해자로 지목된 이상, 그에게 이전과 같은 태도를 보여서도, '자비'를 베풀어서도 안 된다는 내적 의무감이 어디에선가 삽입되어 있었던 것 같다. 나는 사건에 대해 물어오는 사람들에게 서로 다른 대답을 했다. 김지은 씨가 피해자라고 믿고 있는 사람에게는 그 사람의 믿음에 맞추어 얼버무리듯 대답했고, '피해자'를 변호해주기도 했다. 또, 진실을 묻는 사람에게는 잘 모르겠다는 식으로 애매모호한 답을 했다.

진실을 찾는
여정을 시작하다

캠프 조직원들과 통화를 나누기 이전까지는, 이 사건에 대한 나의 의구심은 '무엇이 진실일까'보다는 '어쩌다가 이런 일이, 왜 생겼을까' '왜 우리에게 이런 일이 생겼을까'에 더 비중이 있었다.

역설적으로, 나는 이 사건에 대한 캠프 젊은 조직원들의 대응을 경험하면서 비로소 진실에 관심을 두게 되었다. 나는 처음에는 그들과 마음을 열고 통화했으나, 그들은 이미 고발인, 피고발인 양측의 이야기를 듣고 진실을 찾으려는 의지를 갖고 있지 않았고, '피해자'를 지원하기 위한 그들만의 조직을 만들었다. 나는 점차 그들과 마찰이 생겼고, 나중에는 회유받았고, 끝내는 연을 끊어냈다. 그러고는 이 사건과 직.간접적으로 연결된 이들, 무고로 추측되거나 편향된 판결의 피해자들 ─ 하일지 소설가, 박재동 화백, 조덕제 배우 등 ─ 을 만나게 되었다. 그러한 과정 속에서 비로소, 페미니즘 진영의 위선적 면모들을 하나하나 알아가게 되었다.

나의 의문점은 두 가지로 정리되었다. 첫째는 실체적 진실이 무엇이냐였다. 두 번째는 왜, 아무도 실체적 진실에 관심을 두지 않고 위력에 의한 성폭행이라는 '슬로건'에만 관심을 두느냐였다. 두 번째 질문의 의미는 좀 복잡하다.

도대체 왜, 실체적 진실이 마치 존재하지 않는 무언가처럼 취급되는가, 그러면서도 당연히 안 지사가 범죄자여야만 하는 방식으로 일이 작동하는가였다. 이러한 관심사는 나로 하여금, 사건에 체계적으로 접근하도록 해 주었다. 페미니즘 광풍의 혼란상 속에서 시대가 내게 준 선물이라고 생각한다.

다시 한번 말하지만, 내가 실체적 진실에 관심을 두게 된 계기는 나의 내부에서부터의 움직임이 아니라 외부 상황이 납득되지 않았기 때문이었다. 즉, 사건 초기 나의 '지극히 자연스러운' 반응이 이미 2차 가해로 매도된다거나 - 매도된 상태로 이미 내부자들 사이에서 인식되어 있거나 -, 또는 사건에 개입할 자격을 상실할 만큼의 중대한 배신으로 간주되는 것을 보고 나는 비로소 진실에 관심을 두게 되었다. 상술한 상황에 대해서는 뒤에서 조금 더 자세히 설명하겠다.

캠프 구성원들의 행동을 보고, '도대체 진상이 어떻길래?' '저들이 하려는 일이 무엇이길래?' 하는 의문이 들기 시작했던 것이다. 내 생각엔 진실 자체에는 별 관심이 없어 보이는 사람들이 운동에 심취해 있는 모습을 나는 보았던 것이다. 그들이 일종의 '정의감 중독'에 빠져 진실을 역사의 너머로 추방하는 사람들에 속하지 않을까 하고 나는 생각했다. 그리고 그들만의 이념과 구호를 사회의 수면 위로 떠올려 놓으려는 어긋난 의욕과, 그 위에서 혁명의 주체로서 행세하려고 하는 모습이 내게는 보였다고 말할 수 있다. 이 사건을 계기로 나는, 누군가의 순수해 보이는 감정에도, 옳아 보이는 말에도, 액면 그대로의 내용 이상의 층위가 있다는 사실을 배워나갔던 것 같다.

사건 직후, 나는 페이스북에 몇 편의 글을 올렸다. 이 글들이 내가 2차 가해자가 되는 도화선이 되었고, 사건의 진실에 접근조차 할 수 없을 정도로, 젊은 사무원들의 사회에서 추방되는 계기가 되었다.

·2018.3.6. (사건 발생 1일 후)

** 아직 수사가 시작되지조차 않았고, 한쪽의 입장만이 언론에 소개된 상태입니다. 글 마지막 부분을 보시면 이해하시겠지만, 무엇보다 진실이 상세히, 정확히 밝혀져야 합니다. 저는 그 누구도 단죄하고 있지 않습니다. **

심경을 정리하는 글을 써보고자 노력 중인데, 어려운 작업이 될 것 같습니다. 안희정 전 지사님과의 관계로 인하여 얻을 수 있었던 자유와 책임, 꿈과 현실, 남자와 여자 그리고 무엇보다 인간이라는 복잡하고도 신비한 존재에 대한 나름의 작은 통찰들이 무너지는 것 같습니다. 단언컨대 그것들은 제 삶의 치열한 지표들이었습니다. 꿈같고도 냉정한 현실을 원망하기 어렵고 분노를 무작정 표출하고 싶지는 않습니다. 얼마 전까지 즐겨 듣고 부르던 이 노래(노래 제목은 wishing you were somehow here again으로, 오페라의 유령 사운드트랙 중 하나였다)의 가사가 문득 뼈저리게 다가옵니다. 진실이 밝혀지는 것이 최우선일 것이라 생각합니다. 자세하게, 정확하게 진실이 규명될 수 있기를 기도하는 마음으로 일상생활에 임해야겠습니다.

· 2018.3.9. (사건 발생 4일 후)
※ ※ 이 글은 반드시 끝까지 읽어주시기 바랍니다. ※ ※

〈김지은과 함께하는 사람들〉이라는 이름으로 입장문이 발표되었습니다. JTBC는 뉴스룸에서 캠프의 젊은 자원봉사자들이 쓴 입장문이라고 보도했습니다. 또한 인터넷 언론 매체 등에 캠프 내부의 폭력이 만연했다는 내부 구성원의 인터뷰가 익명으로 보도되고 있습니다.

입장문은 캠프의 젊은 자원봉사자 전원의 참여하에 작성된 것이 아닙니다. 젊은 캠프 구성원들의 공식 입장에 가깝다고 볼 수 있음은 사실입니다. 그러나 저는 입장을 다소 달리합니다. 저는 입장문 작성에 참여하지 않았으며, 매체와의 인터뷰 또한 일절 하지 않았습니다. 이는 제가 안희정 전 지사를 무고하다고 생각하기 때문이 아닙니다.

안희정 전 지사는 엄청난 국민적 비난을 이미 받고 있습니다. 저는 캠프 구성원으로서, 그와 깊은 정신적 유대를 지닌 한 사람으로서, 지금의 사태를 최대한 다각도에서 생각해보려고 합니다. 긴 침묵을 감수하고서라도, 현재의 여론을 따르는 것보다 더 건설적인 입장을 도출해내고 싶습니다. 물론 개인적 차원에서 가치관의 혼란과 - 외부적으로는 저와 다른 도덕감정을 가진 타인과의 첨예한 갈등이 예상됩니다. 또한 저는 캠프 내 물리적, 성적 폭력이 만연했다는 입장문의 내용에 동의하지 않습니다. 제가 경험한 캠프는 그런 곳이 아니었습니다.

붙여, 저는 정치를 하고 싶었던 것이 아닙니다. 다만 그의 인간주의에 보탬이 되고 싶었을 뿐입니다. 그는 각 개인의 운명을 본질적 선과 악의 문제로부터 자유로운 것으로 바라보고 존중하고자 하며, 동시에 집단지성에 그 뿌리를 두고 실현되는 사회 구성원들 간의 평화적이고 활력 넘치는 공존을 도모하고자 노력하는 모습을 보였습니다. 저는 그것이 가장 옳은 방향이라고 생각했습니다.

저는 보다 관대하고 보다 자유로우며 힘차고도 선량한 세상을 원합니다. 그리고 제 삶이 그러한 지속가능한 이상에 접근해 가며 공명할 때 진정한 충만함을 느낍니다. 그런데 이제 저의 이러한 도전은 안희정 전 지사와의 동행을 통해서는 성립할 수 없게 되었습니다. 정치의 정 자도 모르던 제가 유일하게 깊이 신뢰하며 따를 수 있던 한 정치인이 역사의 뒤편으로 저물어갑니다. 잡고 싶어도 잡을 수가 없습니다.

정치권과 저의 인연은 끝났습니다. 우리는 함께할 수 없게 되었습니다. 다만 몇몇 각별한 분들과는 정치적 관계와 별개로 친분을 이어갈 수 있도록 최선을 다할 것입니다. 저는 본업에 더욱 충실하기 위해 노력할 것입니다. 사실 작업하고 공부하기도 바쁘거든요.

조언, 충고, 반론, 비난…… 모두 감사히 받겠습니다.

이 두 개의 글을 올리고 나서, 나는 캠프에서 가장 가깝게 지내던 언니로부터 글을 내려달라는 요청을 받았다. 사건 발생 직후부터 나는 그 언니와 자주 통화하며 피해자 지원 조직 결성 등 진행 상황들을 전해 듣곤 했는데, 나의 입장은 젊은 사무원들과는 많이 달랐고 조직 참여도 소극적이었기에 ‒ 심지어 그 '조직' 중에는 내가 존재 자체도 몰랐던 것도 있었다 ‒ 관계는 아슬아슬하게 이어져오고 있었다. 낡은 동아줄처럼 겨우 이어지던 인연은, 글을 내려달라는 요청건으로 했던 전화 통화에서 완전히 끊어지고 말았다.

언니와 나의 통화는 총 3~5회 정도 있었다. 통화의 순서나 각 통화별 내용을 최대한 복기하겠지만, 정확하지 않을 수 있다. 정밀한 사실관계보다는 취지와 맥락에 집중하며 읽어주기를 바란다. 최대한 시간 순서대로 정리해보도록 하겠다.

처음에는 모두들 내 마음처럼 혼란스럽겠거니 생각하여, 그 어떤 의심 없이 그들의 대화에 협조했고, 설득당하기도 했으며, 그들이 묻지 않았다면 누구에게도 말하지 않았을 나의 사적인 이야기를 하기도 했다. 나의 사적인 이야기가 지사와의 연애 감정이나 성적 관계와 관련있는 것은 당연히 아님을 미리 밝혀두겠다.

첫 통화에서, 그 언니는 내게 '뭐 당한 것 없냐'고 물어왔다. 내가 머뭇거리자, 그녀는 잘 돌이켜 생각해 보라고, 뭐라도 나올 것이라고 했다. 나는 무엇을 생각해야 하느냐고 물었다. 그러자 그녀는 뭔가 이상하거나 성적인 느낌을 받았던 적이 있었는지 떠올려 보라고 했다. 그리고, 네가 그렇게 해 주는 것이 지은 언니를 돕는 길이며, 우리 모두를 구하는 길이라고 했다. 그녀는 안 지사에게 성적 추행과 희롱을 당한 사람들을 취합해 보니 여자 사무원 거의 다라며, 그녀들이 김지은 씨로부터 용기를 얻어 고백을 해오고 있다고 하며 나에게도 잘 생각해 보라고 거듭 말했다.

넋이 빠진 채, 빠른 걸음으로 학교 앞 골목을 서성대던 나의 뇌리를 스치는 풍경이 하나 있었다. 술을 마신 지사가 평소와는 다른 눈빛으로 나를 바라보았던 같았던 적이 있었고, 시끄러운 술자리에서 한 의자에 같이 앉다가 몸이 상당히 밀착되었던 적이 있었다. 나는 생각난 바를 그대로 말했고, 언니는 그게 바로 성범죄라고 했다. 언니가 말하길, 지은 언니는 우리가 미래에 겪었을 수도 있는 성폭행을 미리, 대신 당해 준 ─ 대속해

준- 사람이기에 우리는 지은 언니에게 빚이 있다고도 했다. 그래서, 앞으로 그녀를 조력하는 것이 우리의 책임이라고 말했다. 나는 생각할 시간을 달라고 한 뒤 전화를 끊었다.

두 번째인가 세 번째 통화에서, 그들은 검찰에 캠프 조직도를 그려주고 왔다는 말을 했다. '캠프에 성폭력이 만연했다'는 요지의, 젊은 사무원들의 인터뷰가 JTBC에 방송되고 난 직후의 통화였던 것 같다. 인터뷰를 한 사람은 이십대 중반 남성 사무원 한 명, 이십대 후반 남성 사무원 한 명(익명 인터뷰였으나 나는 목소리를 듣고 확실히 식별할 수 있었다)이었고, 모두 같은 사무실에 근무하던 내 선배들이었다. 아무리 생각해도 '성폭력이 만연하며 억압적인 조직이었다'는 주장에 동의할 수가 없었다.

오히려 안희정 캠프는 적은 수의 실무진이 최대의 창의력을 발휘하는 조직이었다고 나는 기억하고 있었다. 심지어, 정치의 정 자도 모른 채 화실에서 그림만 그리던 막내 사무원인 내가 냈던 아이디어들도 몇 개 반영됐고, 그중 어떤 것이 선거법 조항에 걸려 우리 팀 팀장님은 선관위에 불려갔다 왔으나, 팀원 누구에게도 그 사실을 말하지 않았다. 그럴 정도로, 팀원의 의사와 창의력을 존중하고 개인의 역량을 계발하는 데에 최선을 다하는 자유로운 조직이었다고 기억하고 있었다. 물론 윗선들의 분위기야 내가 알 길은 없었지만.

옛정이 남아 있는 언니와의 통화였기에, 나는 그들이 검찰에 가서 안희정 캠프 조직도를 그리고 온 것과, JTBC에 인터뷰한 내용에 동의하기 어렵다는 표현을 직접적으로 하지는 못했던 것 같다. 다만 검찰에 조직도를 그려주고 왔다는 말에서는 심상치 않은 느낌을 받았다. 이들은 독단적으로 권력에 접근하고 있었다. 통화 중에 "검찰이요?" 하고 크게 되물었다가, 주변 사람들의 이목을 집중시켰던 기억이 있다.

그 통화에서, 언니는 또 다른 놀랄 만한 내용을 말했다. 나는 그게 정말이냐고 거듭 물었다. 언니는 그렇다고 했다.
 김지은 씨를 조력하던 신 모씨의 자녀를 안 지사의 부인인 민주원 여사가 납치하려 했다는 주장을 했던 것이다. 나는 말했다. 만약에 그게 진실이라면 인터뷰에서 그것도 말하지 그랬냐고. 지금 발언권은 당신들이 쥐고 있는데, 어차피 당신들은 당신들 자신이 위험한 일을 하고 있다고 주장하며 나를 조직에 참여시켜주지도 않고 있고, 당신들 말마따나 대의를 위해 자신들을 희생하고 있는데, 만약에 사모님 납치 건이 사실이라면 그것만한 특종이 어디 있겠냐고, 지금 인터뷰 창구도 열려 있는 상황이니 당장이라도 JTBC에 익명 제보하라고 했다. 그랬더니 언니는 신변의 위협 때문에 안 된다는 말을 했고, '우리는 너무 위험하다'고만 했다. 그 이후 어디에서도 문제의 납치 이야기는 들을 수 없게 되었다.

언니는 '우리는 조직화되어 있다'고 했고, 그 조직 중에 나는 없었다. 나를 제외한 젊은 사무원들은 거의 다 포함되어 있었다. 거기서 빠져 있던 유일한 젊은 사무원은 안 지사의 가족 중 하나였다. 그러니, '지사와 피 안 섞인 젊은 동지' 중에는 나만 빠졌던 셈이다. 나는 나를 빼고 형성되어 있는 그 '조직'의 내부 사정을 너무나 알고 싶었다. 나는 제발, 나에게 모든 것을 알려달라고, 알아야 나도 생각을 할 것 아니냐고 언니에게 간청했다. 그러자 언니는, '네가 완전히 우리 편이 아닌 것 같아서', '네 입장이 불분명해서' 알려주기 곤란하다고 답했다. 진실이 있다면 네 편 내 편이 무슨 상관인가 생각했지만, 언니의 말을 듣는 순간 이것은 진실의 문제가 아니라 누군가 이기고 누군가는 져야 하는, 진영 싸움의 문제라는 생각을 하게 됐던 것 같다. 그래서 토 달지 않고 전화를 끊게 되었다.

통화에 임하며, 진실을 알고 싶다는 마음이 커져갔다. 그런데, 진실을 알고자 하는 마음 자체가 '2차 가해' 취급을 당하며, 나는 젊은 사무원들의 조직으로부터 배제되었다. 차차 알게 된 사실이지만, 그들은 이미 나를 제외하고 '피해자 지원 조직'을 만들어둔 상태였으며, 안 지사에게 즉각 등을 돌렸던 지지 그룹을 자신들의 편으로 포섭해둔 상태였다. 사건이 일어난 지 2주도 안 되어서 그 일을 모두 했다는 사실이 아직도 믿기지 않을 만큼 그들은 조직적이고 주도면밀했다. 그들은 '나 – 권윤지 – 의 입장이 불분명한 듯하여' 그들 조직에 끼워줄 수 없다고 했고, 나는 받아들였다.

이 통화를 끝내고, 나는 페이스북에 글을 한 번 더 올렸던 것 같다. 통화 시점과 업로드 시점이 아무래도 헷갈리는데, 내 기억력밖에 믿을 것이 없다. 옛 휴대폰을 다 버렸기 때문이다.

2018.3.20.(사건 발생 보름 후)

많은 이들이 한 번쯤은 들어본 말. 'fact 와 truth 는 다르다' - 이 사건에 대하여 객관적으로 밝혀낼 수 있는 것은 오직 fact이고 (fact의 아주 자세한 부분까지 국민들에게 공개가 됐으면 한다. 사법부만 알지 말고. 이미 내려진 법리적 판단과 개인의 경험을 토대로 사건을 재구성해 이해하는 일반 대중들의 방식, 비효율적이고 갈등 유발한다고 생각한다) truth에 해당하는 부분은 너무 다양하고 복잡하다. 사건 발생국이 우리나라라서 더 그렇다. 여긴 조선이니까. 사회변화의 속도가 빠르고 세대, 계층, 성별간 혐오 심한데, 너나 할 것 없이 냄비근성에 근거 없이 남 깎아뭉개기 좋아하는 지랄맞은 국민성에.. 지식인은 많고 지성인은 찾아보기 힘든 세태의 나라니까.

암튼간에 이제 그냥 사법부의 판단에 맡기는 건데…… 현재 검찰 조사중…… 미치겠다. 나온 기사는 다 본 것 같다. 기사 본문을 다 읽는 건 어려웠는데(너무 길어서) 댓글은 거의 다 읽었다. 사람들이 어떻게 생각하나 너무 간절하게 알고 싶었다. 요

며칠 동안 수천 개의 댓글을 읽으며 그 안에 담긴 증오와 질투, 누구에게도 속 시원히 (강마에처럼, 너 똥덩어리! 하고) 말하지 못했던 원한들…… 그 모든 것들이 거친 풍자의 공기를 타고 내 안으로 다 들어왔다. 진짜 혼탁하고 폭력적이더군. 아프더라. 내가 당신들의 그런 격정을 아무 조건도 이유도 없이 흡수해 버릴 수만 있다면 나는 없어져도 좋을 것 같았다. 지금도 그렇고. 그런 마음이다. 결국 그런 마음이 됐다.

사건은 새 국면을 향해 가고 있다. 모르겠다. 전혀. 갈피를 잡을 수가 없다. 한 번 맺어진 인연이 끊어지기는, 목숨이 끊어지기보다 아주 조금 쉬운 건데. 배를 부수면 물에 다 같이 빠지지, 갑자기 붕 날아서 배 타기 전 상태로 돌아가는 건 아니잖아. 이제 우린 어디로.

이 글을 내려달라는 요청은 강경했던 것으로 기억한다. 언니와의 마지막 통화에서, 나는 결국 싸우게 되었다. 언니는 내가 페이스북에 올린 글을 내려 주었으면 한다고 문자를 보내왔고, 그 문자를 받고 내가 글을 내리지 않겠다고 한 뒤 통화하게 됐던 것으로 기억한다.

나는 내 글의 문제가 무엇인지 도저히 모르겠다고, 나에게도 진실을 알려 달라고 거듭 말했다. 언니는 '어떤 진실을 알고 싶은 거냐'고 물었고, 나는 사건의 실체를 알고 싶다고, 하다못해 강간을 당했다면 팔을 어찌 했는지, 다리는 어찌 했는지⋯⋯ 실체를 알아야 생각을 하든 판단을 하든 할 것 아니냐고 말했다. 그러자 언니는 '지금 네가 하는 그런 생각과 말 자체가 지은 언니에게 상처가 될 수 있다는 생각은 안 해보았느냐'고 물었다. 나는 대답할 말이 없어 잠시 버벅댔다. 했던 말을 또 하며 버벅대는 나에게 언니는

'너는, 지은 언니가 피해자라고 생각은 하니?'
라는 결정적인 질문을 했고, 나는 '네'라는 확답을 끝내 하지 못한 채 전화를 끊었다.

이러한 일들이 있은 후, 나는 내 의사와 상관없이 '지사 편'에 선 사람이 되었고, 어느새 '2차 가해자'가 되었다. 전혀 내 의도가 아니었다. 나는 나를 그렇게 인식하지 않았고, 다만 내 할 말을 했을 따름이었다. 나는 나를 버려두고 흘러가는 강물

을 느꼈고, 그 강물이 혼탁한 급류라는 생각이 들었다.

안희정 사건을 둘러싼 진영논리와 정치적 이슈들에 대하여 – 당시 정치상황에 관하여 안희정 지사와 주고받은 서신들

문재인 정권 초기, 페미와 진보가 같은 선상에 서 있던 – 같은 선상에 서 있는 정도가 아니라 불가분의 관계이자 최고의 벗으로서 동행하는 이미지를 형성하고 있던– 당시 상황에서 나는 보수주의자 취급도 받아야 했다. 나는 팩트조차 알 수 없는 사건이, 이토록 거대한 진영논리와, 진영논리에 파고들어 있는 사람들의 도덕 감정으로 응집해 나를 공격해 오는 상황에 대해서 문제 의식을 갖게 되었다.

상황 자체가 기형적이라는 생각이 들었다. 나는 나에게 다가오는 보이지 않는 에너지를 느꼈다. 그것은 팩트가 아니라 분노, 그리고 익명의 사람들의 표출되지 못한 감정으로 이루어진 혼탁한 에너지였다. 나는 문제의 단서는 어쩜, 안 지사와 김지은 씨 사이의 일보다도 그 에너지에 있을 것이라고 직감했다. 나의 직감은 어느 정도 맞아떨어졌다. 이 문제는 내 안에서 수많은 정치적 사건들과 합쳐졌다. 안희정 미투 이후 혼란상은 당시 있었던 총선, 신천지교회 사태, 조국 사태, 박원순 시장의 죽음, 윤석열 대망론까지 모든 이슈와 연결되는 부분이 있었다.

위 사건들 사이의 관계에 대해 내가 파악한 바를 나는 수감 상태의 안희정 지사에게 편지로 써 보냈다. 내가 보낸 편지는 A4 57쪽 분량으로 조금만 손보면 단행본이 될 수도 있는 정도인데, 모두 손글씨로 썼다. 나는 원래 이 서신을 단행본으로 출간하려 했으나, 안희정 지사께서 그러지 말아 달라는 뜻을 전했다. 나는 그 뜻을 최대한 지키고자, 서신 일부만 발췌하여 여기에 소개할 예정이다.

일전에 방송인 김어준 씨가 내 '분노의 서신'에 대해 언젠가 꼭 이야기해 달라고 했었는데, 드디어 -일부라도- 공개하게 되었다. 지금부터 소개하는 서신은 3심 재판이 끝난 후, 안 지사가 수감된 지 1년쯤 되었을 때 보낸 것이다. 기결수에게 서신을 보내려면 역사책에서나 들어보았던 우체국 사서함을 이용해야 했다.

여러분께서 이 사건에 대해 어디까지 기억하는지는 모르겠지만, 1심에서는 공소사실 모두 무죄 판결되었다. 그 이후 페미니스트 시위가 있었고, 1심에서 2심 사이의 기간 동안 성인지 감수성과 피해자 중심주의가 화두로 떠오르며 2심에서는 공소사실 대부분이 유죄로, 완전히 반전된 판결이 나왔다. 그때부터 레디컬 페미니즘 광풍은 날이 갈수록 심해졌다. 그들은 이제야 제 자리를 찾았다며, "가해자는 감옥으로 피해자는 일상으로"라는 구호를 외쳤다.

안희정 지사 1심과 2심 사이, 레디컬 페미니즘이 기존의 진영 논리를 초월한 새로운 정치적 화두로 떠오르면서, 진보주의와 보수주의의 경계가 희미해졌다. 민주당은 모든 화력을 미투와 페미니즘에 집중하고 있었고, 거기에 엎친 데 덮친 격으로 또 '조국 사태'가 터지며 내로남불, 불공정, 성인지 감수성 부족 정당이라는 '새로운 민주당'이 만들어졌다. 나는 내가 감옥 바깥의 세상에서 본 부조리한 상황들을, 최선을 다해 서신에 담았다. 내 서신에는 당시 상황에서 내가 느꼈던 당혹은 물론, 부조리한 상황 속에서 판단의 기준을 세우기 위한 필사의 노력이 담겨 있다. 이제 함께 서신을 읽어보자. 참고로, 서신은 원본의 색채를 훼손하지 않기 위해 퇴고하지 않았다. 현재 내 글투에 비해 많이 거칠고, 또 당시 나의 절실함과 분노가 성급한 필치를 유발했기 때문에 읽기 불편하실 수도 있다. 최대한 읽기 편하도록 편집하겠다.

서신 p.24 -27

페이스북에 올렸던 제 글(*위에 인용된 글과는 다른 글이다. 사건 발생 시점으로부터 1년 이상 지난 후, 김지은 씨가 〈김지은입니다〉를 발간했을 즈음 나는 페이스북에 긴 글을 올렸었다)은, 지사님에게 내려진 유죄 판결을 반박하는 내용이었습니다. 그런데, 이 사건에는 사법부 외 다른 세력들 - 여성계, 젊은 페미니스트들, 진보 언론, 교수들······ 등이 워낙 많이 개입했다보니, 제 글은 법리적인 반박을 넘어서 정치비평 비슷한 모습을 띠게 되었습니다. 글의 내용은 아래에 요약할게요. sns상에서 말을 하듯이 썼던 글이라, 원문은 구어체입니다. 글의 요지를 좀 더 정돈된 언어로 풀어 써 가면서 요약을 하다 보니, 요약문과 원문의 길이 차이가 별로 나지 않는 이상한 상황이 생기고 말았습니다.

"성인지 감수성이라는 개념을 형사 판례에 도입하는 것은, 국민의 기존 상식을 뒤집고 새로운 표준을 정하는 일이기 때문에 사회적 합의가 충분히 이루어진 다음 해야 한다. 그런데, 이 사건을 필두로 대대적으로 나서서 그 일을 추진한 여성계 측은 사회적 합의를 도출하려 노력하기보다, 여론에 나타나는 모든 의구심(사건의 실체적 진실에 대한 의구심이 가장 많았고, 정치적 이해관계가 개입한 사건, 판결이 아닌가 하는 의구심이 두 번째로 많았습니다)을 모두 2차 가해로 규정하여 묵살하기에 바빴다. 여성계의 이러한 태도는 2심, 3심 재판정에도 적극 반영되었다. 우리 측 증인들의 증언은 그 내용의 구체성이나 증인들의 정직한 태도 – 반대쪽 증언 채택의 결정적 이유였던! – 에도 불구하고, 의도적 허위사실 유포. 조직적 은폐. 감정에 입각한 증언이라는 프레임으로부터 자유롭지 못했으며, 언론 보도 역시 그러한 프레임을 그대로 따랐다.

여성계는 언론의 보도관점 설정, 보도 태도 정하기, 보도 내용 선정 과정에 영향력을 행사했고, 여기에 그치지 않고 sns등의 매체나 기타 캠페인을 통해 자신들의 관점이 가장 윤리적이고 진실하며 진보적이라는 식으로 '선전'하여, 사법적. 정치적. 사회문화적 영역에서까지 실력을 행사했다. 이들은, 반박불가한 논리를 사람들 앞에 들이미는 것을 '계몽'이라고 여겼고, 본인들의 논리 (위력, 성인지 감수성)와 사건의 실체적 진실, 그리고 실체적 진실에 해당하는 행위들 (문자연락. 대화. 성관계 등)에 폭력성이 없어, 그것을 폭력이라고 결론내리는 데에는 사회적, 관습적 의미 사이에 커다란 불협화음이 있다는 사실은 외면한 채, 평범한 사람들을 단죄하고 침묵시켰다. 따라서, 그녀들이 맹렬하게 비판했던 '위력'은 정작 본인들이 가졌다. 사람들의 의구심과 1심 판결의 법리적 판단을 모두 무효화하고 최종 판결을 유죄로 이끌어가는 것이 가능했다는 것 자체가 그녀들이 위력을 가졌다는 방증이다.

여성계는, 이 사건이 '대중의 인식이 좋은 쪽으로 가느냐, 나쁜 쪽에 머무르느냐의 분기점, 즉슨 인권운동의 역사가 진보하느냐 퇴보하느냐의 결정적 분기점'이라는 의미를 지닌다고 결론 내리고, 이 사건을 그 어떤 성 관련 사건보다도 중하게 대했다. 그러나 정작, 인권유린임이 명백한 성폭력 사건에 대해서는 이 사건에 비해 소극적으로 대응했다. 적어도, 평범한 한 시민의 눈으로 보기에는 방조, 묵인하는 듯했다.

이 사건의 2심을 담당했던 재판부는, 10대 여성청소년을 성폭행한 60대 남성에게 무죄를 선고하기도 했는데(지사님 사건 이후의 일입니다), 그 이유는 아이가 이웃 할아버지에게 성관계에 대한 대가를 바랐기 때문이었다. 그 아이에게는 위력이 행사되지 않았다는 말인가? 또, 김학의 성접대 사건을 수사하던 검찰이, 범죄현장 cctv에 김학의의 얼굴이 녹화된 모습을 보고도 '얼굴을 식별할 수 없다'는 이유로 무죄를 주장, 실제로 무죄가 선고된 상황에 대해서도 매우 소극적이고 늦은 대응을 했다. (원문에는 쓰지 않았지만, 최근 대구 달서구의회에서 국민의힘 당 - 구 미래통합당.자유한국당.새누리당…… - 의원이 '여성 구의원들 쓰지도 못한다. 몸 한 번 주면 공천해 주지 않느냐'고 발언한 사실에 대해서도 여성계는 침묵했습니다)

어떻게 피고인이 누구인가에 따라 당신들의 판단과 행동이 달라지는가? 집요함의 정도와 운동의 규모, 강도가 달라지는가? 왜, 반드시 바로잡아져야 하는 나쁜 사건들은 모두 주변적인 것이 되고, 가장 모호한 하나의 사건이 여성인권의 분수령으로서 맥락화되는가? 나는 여기에서 부조리, 정치적 불균형, 그리고 위선을 본다.

가장 모호한 사건에 대해서(지사님 사건을 지칭하는 말입니다), 가장 진보주의적으로 보이는, 자극적이고 근본주의적인 말들을(위력, 일상적이고 은밀한 폭력, 존재함으로써 행사되는 위력, 여성 연대, 피해자다움의 강요, 우리 모두가 김지은이다, 성인지 감수성, 2차 가해, 남성 카르텔 등의 말들……) 을 투영하여 실체적 진실을 왜곡하고, 모든 나쁜 사건들이, 이 가장 모호한 사건에 투영된 말들에 담긴 관념 속으로 수렴하도록 담론 지형을 구축하는 당신들을 이해할 수 없다.

나와 입장을 같이하는 사람들의 수가 적지 않음에도, 우리들의 목소리가 언론에 반영되지 못한다는 점도 납득이 되지 않는다. 나, 그리고 나와 같은 생각을 하는 여러 사람들은 반여성

인권주의자가 아니고, 개중에는 페미니스트에 가까운 사람들도 있는데, 여성계와 언론, 사법부 그리고 스스로를 진보라고 인식하는 페미니스트 시민들과 보수 진영 지지자들까지 모두, 우리를 구습에 젖은 타락한 구 진보세력 정도로 생각하며, 2차 가해자라고 비난한다. 그들은 우리가 2차 가해와 인권 침해를 체화한 파렴치한이기에 발언권을 갖지 않는 것이 옳다고 주장하지만, 무슨 말을 하더라도 악으로 매도되는 상황은 어떤 사람에게든 불합리하고 억울하다고 생각한다.

이 글을 내 페이스북 담벼락에 박제해두고 기다리겠다. 언젠가 이 글이 유용하게 쓰일 때가 오리라는 것을 안다."

결국 내가 미투에 대해 가장 분노했던 지점은 '주객 전도 현상'이었다.

상황을 종합해볼 때 위력을 가진 자들은 가해자로 지목된 남성이 아니라 그를 범죄자로 만들고 있는 페미니스트들인데, 그러한 측면에서 바로 위력의 장본인인 페미니스트들이, 그들이 파멸시키고 있는 남성이 위력의 소유자라고 주장하며, 존재하지도 않는, 오히려 그들이 가지고 있는 거대한 위력에 당했다며 두려움에 떨고 있었기 때문이다.

게다가 그들은 거기에서 그치지 않았다. 마치 위력과 성인지 감수성에 대한 그들 주장이 일반 시민들의 연약한 처지를 대변하고 있다는 식의 메시지 메이킹을 했다. 젊은 여성들은 실제로 위력을 가진 상사에게 인격 모독을 당해 본 경험이 있어서, 또는 앞으로 다가올 사회생활이 두려워서, 또는 주변에 실제 피해자가 있다거나 혹은 강경 페미니스트이거나……등의 여러 가지 이유로, 안희정 지사를 범죄자화하려는 권력형 페미니스트들의 '위계 - 어리거나 약한 자를 속이는 행위를 말하는 법률 용어이다. 안희정 지사 사건의 경우, 위계에 의한 간음이 아니라 위력에 의한 간음으로 규정되었다 - '에 의문을 표하지 않았다.

안희정 지사 사건에 대해서 페미니스트들이 벌인 행위는 선량한 사람들의 감정을, 아니, 평범한 사람들의 선량한 정의감을 착취하며, 그들이 진짜 분노해야 할 페미니스트 자신들의 거짓됨은 외면하게 하고, 반대로 사람들이 분노하면 안 되는 대상 –조작된 진실– 을 향해 분노하게 하는 위계 행위이자 사기였고, 그렇기에 인격 착취 행위였다고 나는 본다. 페미니스트들은 그들의 신실한 홍위병들이 움직이는 모습을 보고도 아무런 양심의 가책을 느끼지 못하는 것 같았다. 결국 그들은 근본부터 틀려버린 인식 틀을 수단으로 하여 선량한 일반 시민들의 순수한 정의감을 이용하고, 필요한 곳에 적극적으로 이용하고 있었다. 이러한 행태는 보이지 않는 시민 착취이고 인권침해라고 나는 생각했다. 본인들은 양심의 가책 없이 타인의 마음을 이용할 수 있을지 모르지만, 그런 '영혼 유린'이 판을 치는 세상에서 정상적이고 건전한 지성이란 죽음을 맞게 될 것이라는 직감을 나는 갖게 되었다.

거짓된 지성에는 연민이 없고 논리만 있으며, 그마저도 불충분하다. 다만 참된 지성에는 연민이 있고, 진정한 연민에 이르는 간명한 논리만이 있을 뿐이다. 페미니스트들의 '장난질'에 의해 그 참된 지성이 말라죽는 모습을 나는 차마 볼 수 없었고, 그 죽음의 뒤를 따라 우리 사회 역시 퇴행의 길을 가게 되는 것도 나는 볼 수 없었다. 안희정 지사는 캠프 사람들에게 늘, '아무리 말단 사원이라도 조직의 맨 꼭대기에 있는 사람처럼 판단하고 행동하라' 말하곤 했는데, 나는 그러한 의미에서의 엄청난 책임감을 느끼며 위 서신을 썼다.

나는 무언가 우리 사회가 인간답지 못하고, 더욱 더 그러한 방향으로 흘러간다는 절망으로부터 쉽게 헤어나오지 못했다. 거꾸로 된 기초공사의 현장, 완장을 찬 감독관들 앞으로, 성실한 노동자들이 잘 구워낸 벽돌을 차례차례 가져다가 쌓는 것을 보면 잠도 오지 않았다. 나 스스로도 나의 분노가 왜 이렇게 격심한지 알 수 없을 정도였다. 다만 나의 분노는 파괴적 분노가 아니라 무언가 더 나은 것을 추구하는 희구의 분노였다. 즉, 진실과 정상적 인간성을 나는 찾아 헤매고 있었다. 그것을 내 손으로 되찾아 오겠다는 무모한 꿈도 꾸었다. 그러한 무모함을 나에게 가르쳐 주었던 사람이 바로 안희정 지사이기도 했다.

뒤에서 더 논하겠지만, 비단 미투 이외에도, 문재인 정부 기간에는 기존의 진보 시민들을 당황시키는 일들이 많이 일어났다. 이명박, 박근혜 시절을 거치면서 기득권 비판에 도가 튼 사람들조차도, 어떻게 해석해야 할지 난감하게 하는 사건들이 줄줄이 터졌다. 그중 대표적인 것이 안희정 지사 사건과 조국 사태라고 나는 생각했다. 기존의 진영 논리로는 해결할 수 없는 사건들이었다.

이 사건들에는 공통점이 있다. '자기에게 해야 할 말을 남에게 하는 사람들'이 주도했다는 점이다. 앞서 페미니스트들이 위력의 소유자이면서도 위력을 당하는 사람인 것처럼 행세하며 젊은이들을 선동하는 문제를 짚었듯, 조국 사태에서도, 살아 있는 권력을 수사한다는 윤석열 검찰총장이 실은 살아있는 권력이었고, 중도. 무당층. 보수층이 그를 정의로운 검사로 보면서 조국 장관은 자신이 저지른 비위에 비하여 심하게 악마화되었다. 두 사건은 살아있는 권력이 죽은 권력을, 살아있는 위력이 죽은 위력을, 살아있는 권력이 죽어가는 권력에게 살아있는 권력이라고 외치며, 살아있는 위력이 죽어버린 위력에게 살아있는 위력이라고 외치며 진행되었다. 환상처럼 되어버린 '살아있는 권력'과 '위력'은 서로를 거울처럼 비추고 있었다.

문재인 정부 시기의 특징이라고 한다면, 사회정의에 대한 국민적 관심도가 매우 높았을 뿐 아니라, 거시적 정의가 아니라 미시적 정의까지도, 즉 여의도 정치가 아닌 일상에서 직접 느낄 수 있는 정의의 실현에 관심이 집중되었다는 점이다. 이러한 현상은 MZ세대의 새로운 관점에서의 정의감을 중심에 두고 일어났다고 나는 생각했다. 그러나, 페미니스트들과 검찰 권력, 즉 '살아있는 권력'을 수사하는 윤석열 세력은 MZ의 정의감을 마치 홍위병 다루듯, 엉뚱한 방향으로 이용하여 자신들의 권력을 추구했다.

그래서 문재인 정부 시기는 앞으로도 오래 연구되어야 할, '아이러니의 시대'라고 나는 생각한다. 이 시기의 주요 이슈들은, 진실과 거짓, 권력을 가진 자와 갖지 못한 자의 관계가 완전히 역전되어 있다.

서신을 쓰며 나는 생각했다. 우리는 기존의 정치 비판에서 한 수준 더 나아가, 전복된 구조들에 대한 논증을 구축해야 한다고. 그런데 당시 분위기에 비추어 보았을 때, 그러한 논증은 일단 너무 수준 높은 지성을 요구했기에 나 혼자 해내기에는 어려웠고, 당시 여론 지형에서 나의 아마추어적 논리, 일천한 수준의 글쓰기가 힘을 얻는 건 정말 난망한 문제였다.

쉽고 명료한 말로 국민을 설득하고 '선동'하는 데에 노련한 정치인들, 그리고 거기에 익숙해진 많은 국민들은 당시의 첨예한 정치적 갈등을 전혀 다른 각도에서, 즉 상술한 맥락대로 주객이 전도된 상태에서 이해하고 있었다. 그랬어도 국민들은 여전히 선량했다. 약자를 연민하고, 불의와 편법이 추방된 사회를 원했다. 그런데, 그러한 염원을 위하여 밟고 지나갔어야 하는 대상이 안희정과 조국이었다는 사실이 비극일 것이다. 그러한 상황이 벌어지기까지 – 즉, 처형대 위로 안희정과 조국이 올라오기까지 – 물밑에서 진행되었을 수많은 이해충돌과 정치적 계산들, 엄한 사람들의 야욕들에 대해서, 정치 자영업자들의 생존 기술에 대해 생각하면, 나는 숨이 막혀버릴 것 같은 느낌을 받기도 했다.

선량한 대중이 만들어내는 복잡한 참극, 아무도 질문하지 않는 가운데 완전히 전복된 권력자와 탄압받는 자 사이의 관계. 이것은 문재인 정부 기간 동안의 어떤 풍조이기도 했다. 진실, 사회 구조에 대한 통찰 제시는 제쳐 놓고 국민 앞에 무작정 사과하고 내부의 희생양을 숙청하기에 바빴던 민주당 탓이 거의 전부라고 보는 게 내 입장인데, 나는 어디까지나 '정치권 사람'이 아니라 '한 시민'에 불과하기에, 민주당 내부 사정은 모른다.

나는 미투에 대한 비판뿐 아니라, 상술한 당시 분위기 자체에 대한 문제의식을 가지고 있었고, 어쩜 미투에 대한 비판은 당시 점점 이상해지는 정치 상황에 대한 내 위기감의 일부였다고 볼 수도 있다. 나는 사사로운 정으로 누군가를 변호하기 싫었기에, 한때 내 정치적 우상이었고 지금도 인간적으로 가까운 안 지사를 내 나름대로 변호하는 데에도, 공동체 전체에 대한 성찰을 필요로 했다. 타고난 성정이 다소 냉정해서 그럴 수도 있겠지만, 이러한 태도는 나만의 박애심의 한 형태이다.

나는, 이상한 시절에 '불시착' 해버린 우리 사회에 대한 나의 문제의식을, 수감 중인 내 늙은 벗, 안희정 전 지사와 나누고 싶어 서신에 이렇게 적었다.

서신p.35-37

윤석열이 권력, 살아있는 권력 (윤석열 대망론의 결정적 근거가 되는 말로, 언론에서도, 사람들 간에도 많이 쓰이는 말이 되었습니다)과 대적한다는 전제 자체가 틀렸습니다. 윤석열은, 앞에서는 권력과 대적한다고 말하지만, 뒤로는 조선일보사라는 더 큰 기득권의 지원을 받고 있고, 그 스스로는, 악명 높은 기득권의 대표격인 검찰의 수장입니다.

그의 일거수 일투족, 한 마디 한 마디가 전달되는 언론 지면 역시도, 투명성과 객관성의 탈을 쓴 기득권의 입입니다. 월급 200만 원 받는 사람이 종부세 걱정을 하게 하는 자들이고, 자신의 아이에게 무상급식을 먹여달라고 읍소해도 모자라는 빈민이, 무상급식 정책을 '망국적 포퓰리즘'이라고 비난하게 만드는 자들입니다. 그런 자들이, 문재인 정부와 박근혜, 이명박 정부가 그 부패의 정도에 있어 질적으로 유사하다는 프레임을 점점 공고히 해 갑니다. 비겁합니다.

지사님, 지사님에 대한 미투 사건이 있었던 시점과, 그 사건과 그 이후 민주당에 대한 미투 사건들을 주도하고, 페미니즘적인 문제의식들(조직문화에서 여성의 소외와 착취, 성적 대상화, 2차 가해와 편견 등……)을 모두 민주당에서 터진, 사실관계조차 확인 안 된 사건들에 투영했으며 수많은 기획기사, 칼럼들을 이러한 기조로 실었던 '진보 언론' 한겨레, 경향, 오마이뉴스에서 '반 mb, 반 박근혜 활동'을 했던 옛 기자들이 발언권을 잃고 낙오된 시점, 이들 진보 언론사에 수구 언론사들 간부가 유입되며 기성언론화의 길을 걸은 시점(불행하게도 이들 진보 언론사가 대규모화된 계기는 촛불혁명입니다), 정부, 여당에 대한 신적폐 프레임이 생겨난 시점, 세월호가 뉴스에 잘 안 나오게 된 시점, 조선일보 간부가 다음 뉴스 포털을 총괄하게 된 시점이 모두 맞물립니다. 조국 사태부터 시작된, "이명박근혜 정부나 문재인 정부나 똑같다. 문재인 정부는 신 적폐고, 민주당 세력들은 성적으로 타락했다. 이제, 양비론과 좌우 구별 없는 페미니즉적 반성(실상은, 검찰 내 성비위나, 보수정당의 성비위는 크게 이슈화하거나 비판하거나, 그 문제를 일반화하지도 않았습니다)이 정치적으로 올바른 길이다. 시대정신이고 표준이다"라는 프레임에 대해서는, 진보 언론사들도, 민주당 주류 의원들(이낙연과 그 측근들), 남인순, 권인숙 의원을 대표로 하는 민주당 여성의원들도, '거의' 반박하지 않았고, 성비위 면에선 동조했으며, 타협하고자 했습니다.

이들이 주장하는 협치는 지사님께서 주장하시던 타협과 협치와는 결이 다른 줄로 압니다. 지사님께서는 불의를 방조, 동조하는 방식의 '정치공학적 공존'을 주장하신 적이 없는 줄로 압니다. 캠프에서 일하는 동안, 지사님의 통합과 통섭, 협치 주장에 대한 사람들의 오해를 접하고, 때론 직접 답글을 남겨야 하는 상황에 맞닥뜨리면서 마음이 괴로웠었습니다. 오해는 깊었고, 사람들은 화가 나 있었습니다. 그 와중에 '선의' 발언 사건이 났지요. 어쩌면, 그때부터 모든 일이 뒤죽박죽 꼬이기 시작했는지도 모르겠습니다. 그 어떤 해명도 통하지 않았으니까요. 선의 발언 사건 이후, "저 여기 그대로 있습니다" 하는 지사님의 말씀은 슬프고도 공허했고, 대중의 입장에서는 난해. 황당할 수도 있겠다 싶었습니다. 저는 지사님의 통합.통섭 주장도, 선의 발언 (그게 어떤 심오한 주장이었던 것처럼 언론.sns상에서 전해지고 끝내는 '사건'이라 부를 정도의 무게가 있는 사건으로 비화됐지만, 기실 그건 그냥 발언, 아니 농반진반의 위트와 같았지요)도, '가장 적은 갈등을 동반하는, 가장 이성적이고 실효성 있는 개혁의 방안에 대한 고민'에서 나왔다고 생각하거든요. 누군가, 혹은 무언가를 철저하게 단죄하고 온 국민이 그것을 개혁의 분수령이라 여기며 감정을 실어버리면, 그 감정이 아무리 뜨겁더라도, 그건 그들이 미워하는 바로 그 대상에게 이용당하는걸요. 기득권 적폐는 시스템 안으로 숨으려 하고, 자신들은 뒤에 숨어서 진정한 갑으로서, 을들이 싸우는 광경을 지켜보잖아요. 비웃듯이.

권력의 실체는 그것의 작동 양상을 낱낱이 밝히고, 그것이 작동할 수 없도록 연결 고리를 끊어야 비로소 밝혀지는 것일 텐데, 우리나라의 권력은, 그 작동양상을 숨기기 위한 큰 목적의 전략으로서, 자신들의 악을 아주 조금 드러내 보여주기도 합니다. 자기 편의 비리를 보도하고 반성하는 '척' 한다고 해서 큰 구조에 변화가 생기고 있다는 믿음을 갖는다면 농락당한 것입니다. 누군가는 그런 말을 하더군요. "박근혜가 탄핵된 게, 진짜로 백 퍼센트 국민의 의지와 노력에 의해서였을 것 같은가? 아니, 결코. 그녀도 팽당한 것이다. 권력자들에게 버림받았을 뿐이다." 다소 극단적인 말이라 조금 당황스럽긴 했지만, 틀리지 않은 말이라고 느꼈습니다. 정말 민주화가 되었다면 일어나기 어려운 일들이 일어나고 있으니까요. 현재의 언론에 생겨난 프레임, 여성주의자들의 동향, 진보언론사들의 대규모화와 보수화, 기존 진보 언론인들의 낙오, 페미니즘 이슈와 공정. 사회정의의 이슈가 해석되고 이용되는 방향, 검찰과 보수정당에 대한 편향적 옹호, 정부 여당의 고립……등의 양상을 저의 눈으로 따져 볼 때, 우리 사회는 '표현의 자유가 보장된 민주화 상태'의 환상에 취해서 진보시민들의 대전제와 같았던 역사관을 잊어가고 있다고 보입니다.

마지막으로, 서신 중 선량한 대중에 대한 나의 연정과 안타까움, 그렇기에 더 커지는, 권력자들에 대한 분노가 담긴 부분을 인용하고 다음 장〈정치적 미투, 가장 고요하고 가장 잔인한 광풍〉으로 넘어가려 한다. 재미있게도, 이용당하는 대중의 정의감에 대한 안타까움이 담긴, 내 서신의 절정 부분은 '정의당의 젊은 정치인들', 그리고 '전광훈 목사'를 통해 설명된다.

서신p.38-45

언론인들은, 또 그들의 논조에 동조하거나 알게 모르게 젖어들어가는 시민들은, '적어도 우리 사회가, 불공정 문제를 제기할 수 있을 만큼, 맘 놓고 정부 – 그들의 프레임에 따르면, 살아있는 권력 – 을 비판할 수 있을 만큼, 권위주의(소위 '꼰대 문화'와 '여성혐오', 개인을 착취하는 조직 문화, 정상가족 중심주의 등 대한민국의 구습들)에 대한 반성과 비판을 공론장에 올릴 수 있을 만큼은 공정하고 합리적인 상태에 도달했다'는 전제를 내면화한 듯합니다. 그러고는 일상에 파고든 불공정이라든지, 성(별)의 정치성, 혐오 발언의 범주를 설정하는 문제(어떤 발언에 혐오의 소지가 있고, 있다면 그 말은 어떻게 고쳐야 하는가?의 문제) 등, 미시적인 정의 실현에 몰입합니다. 그리고, 그러한 사례들로부터, 숨겨져 있는 차별 구조를 찾아내서 분석하는 일……일종의 형이상학적인 작업에 열을 올립니다. 이들은 '올바름에 대한 섬세한 발화.행동 매뉴얼'을 만들어갑니다. 예를 들면, 여자에게 예쁘다고 말하면 성희롱이 될 수 있다, 경범죄 민원 접수 시, 경찰이 신고자의 위치를 허락 없이 조회하면 인권 침해이다. 진정한 조세 정의 실현을 위해서는 모두에게 똑같이 정의로워야 하므로 서민 증세도 불가피하다. 왜 재벌만 비판하는가?(믿기 어려우시겠지만, 두 번째와 세 번째 사례는 정의당 논평입니다) 등이 있습니다. 모두 메인 기사였고, 첫 번째 사례의 경우, 비슷한 내용의 기사도 장기간에 걸쳐 많이 나왔고 대학 등에서 토론주제로도 많이 쓰였습니다.

이러한, 미시적이고 섬세한, 완벽주의적이기도 한, 사회 정의의 추구를 향한 움직임에는 정치적인 맥락이 교묘하게 개입하기도 했는데, 예를 들면 방역 수칙 위반으로 극우 개신교 집회를 저지하려 했던 정부의 행위에 대해서, '정부는 개신교를 탄압하는가?' '정부는 개신교만을 선택적으로 탄압하는가?' '보수 측의 시위만 과잉 진압하는 것일까?' '왜 민주노총 집회는 허용하면서, 문재인 대통령 탄핵을 외치는 개신교 보수단체의 집회만 금지할까?' '정말 방역 수칙만을 위해서 금지하는 것인가,

아니면 다른 이유가 있는 것일까?' '정부가 코로나 사망자 수를 조작했다는 주장은 진실할까?' '정부는 국민에게 과도한 공포심을 조장하고, 비민주적으로 사생활을 통제하는가?' 등의 질문을 화두 삼은 기사들이 쏟아져 나왔습니다. 보수. 진보 언론을 가리지 않고 말입니다. 팩트 체크 기사나 기획 보도 형태로 나왔습니다. 나라에 불안하게 떠도는 국민적 의구심을 친히 해명해주겠다는 태도였습니다. 하지만 그러한 의구심들이 국민에게서 나온 진정한 물음이었던 적은 한 번도 없었습니다.

(중략)

사건 와중에, 신천지예수교와 보수정당의 유착 관계가 밝혀졌습니다. 신도들을 선거에 동원하고 당원 가입을 사실상 강제한 사실이 드러났고, 이만희씨가 박근혜씨로부터 받은 국가유공자 증서 사진도 공개됐습니다. 그런데 이와 관련해서는, 앞서 말씀드린 바와 같은 식의 팩트 체크 기사는 나오지 않았습니다. 수사도 늑장이었고요. 언론에서는 이만희 교주가 숨어있어서 찾을 수 없다고만 했습니다. 만약 이 교주를 조국 장관 수사하듯이 파헤쳤다면, 대한민국은 어떤 모습이 되었을까요? 조국 장관을 수사할 때처럼, 200만여 건의 뉴스를 생산하고, 딸의 자택에 무단침입해 짜장면을 먹고, 딸의 초등학교 시절 일기장도 압수하고, 윤석열은 직권 수사권을 발동하여 신속한 수사와 기소를 하고, 전담 수사팀에서 250여 명의 검사들이 헌신하게 했다면 어땠을까요? 숨겨진 권력 구조가 조금은 드러나지 않았을까요?

'미시적이고 섬세한 정의'를 추구하는 젊은 기자들과 여성학자들, 진중권 비슷한 양비론자들은 침묵하더군요. 신경 안 쓰는 것 같았습니다. 시민들은 신천지를 수사하고 보수 세력과의 오래된 유착관계를 밝혀내라고 넷상에서 댓글을 많이 달았지만, 저도 댓글을 열심히 달고 다녔지만, 우리는 힘이 없습니다.

(중략)

이야기의 출발점으로 돌아가겠습니다. 진정한 조세정의를

위해서 서민 증세를 하자는 정의당……노회찬이 떠나신 후의 정의당……재벌기업의 탈세 방법을 다 파헤쳐서 길다란 논평이라도 내고 나서 그런 소리를 하냐 하면, 아닙니다. 삼성 미래전략기획실과 목숨을 걸고 싸워 보았나요? 그랬다면 서민 증세 따위는 이야기 못 하겠지요.

정의당의 여성.청년 우대 정책으로, 당원 투표에서 1.몇 퍼센트를 득표한 20대 중반 여성이 비례대표 순위 1번을 받아 국회의원이 되었습니다. 비례 2번도 젊은 여성, 대변인도 젊은 여성입니다. 이들이 만들어 나가는 정의당에서, 서민증세 논평도, 경찰의 위치조회가 인권침해라는 논평도, 예쁘다는 말이 여성혐오라는 식의, 성담론을 적극 활용한 논평들도 나오는 상황입니다.

비례대표 1번 의원은 조선일보에서 주최하는 "조선일보 100주년 기념 타임캡슐 봉인식"에 참석했더군요. 이 자는 자신의 행보가 정의당 의원으로서 얼마나 부끄러운 것인지 모르나 봅니다. 자기모순에도 무감각한지, 어느 날에는 컨베이어 벨트에 끼여 사망한 20대 노동자가 입고 나왔던, 그걸 입은 채로 죽어서 실려나왔던 바로 그 옷을 자기가 입고^(똑같은 모양으로 새로 해 입은 거죠) 대통령 앞에서 추모 퍼포먼스를 하더 군요. 이 자의 가벼운 행동은, 비참한 죽음을 맞은 노동자들과, 지금 이 순간에도 열악한 환경에서 죽음의 위협을 무릅쓰고 일을 하는 수많은 산업현장노동자들을 너무나 허망하게 '소비'해 버린 것이나 다름없다고 생각합니다. 이 자는 자신이 부당해고를 겪은 노동자라고 주장하지만, 근태 등의 사유로 입사한 지 얼마 되지 않아 해고되었다는 반대 주장도 있어 진상을 알 길은 없습니다. 그런데 만약 본인의 주장대로 부당해고를 당했다고 가정하더라도, 이 자가 모든 불쌍한 노동자들과, 대한민국 대표 노동운동 정당·진보정당인 정의당을 대표할 자격은 없어 보입니다. 첫째로 이 자는, 유독가스와 독성 분진이 자욱하게 날리는, 언제 머리 위로 컨테이너 박스가 떨어질지 모르는 열악한 육체노동 현장의 노동자가 아니었습니다. 게임업계 사무직 노동자였습니다. 둘째로, 이 자는 여성·청년이라는 이유로 거의 낙하산에 가까운, 과도한 특혜를 받고 의원이 되었습니다. 비례후보 당원투표에서 최하위권에 있던 사람이 비례대표 1번을 받았으니까요. 셋째로, 이자는 노동운동을 하겠다는 명분으로 의원이 되었음에도 불구하고, 페미니스트들을 최우선적으로 대변합니다. 페미니스트들이 원하는 논평, 그들이 원하는 입법……에 치중한 의정활동을 펼쳐나갑니다.

정의당에는 십수 년에서 수십 년간, 자신의 모든 것을 바쳐 노동운동에 헌신한 사람들이 많이 있다고 알고 있습니다. 그들이 정의당 내에서의 발언권을 거의 상실했다고 들었습니다. 실제로 그들 중 아무도, 이름조차 미디어에서 언급되지 않으니까, 제가 헛소문을 듣지는 않은 듯합니다. 정의당 안에서의 지위. 영향력. 의사결정권 모두 잃고 침묵하고 있는 그들은 사실상 진보진영에서의 활동기회 자체를 놓쳐버린 거 아닐까요? 실제로, 정의당에서 대규모 탈당사태가 있었습니다. 진성당원들도 많이 빠져나갔고, 그냥저냥 활동하던 평당원들도 꽤 많이 탈당했다고, 기사에서 봤습니다. 기사마다 조금씩 다른 데이터를 제시하고 있어서, 퍼센테이지는 여기 쓰지 않겠습니다. 8000명 가량 탈당했다는데 아주 신빙성 있는 수치는 아닌 것 같아요.

정의당 노동운동가들의 소외와, 구 진보 언론인들의 낙오…… 저는 이 두 그룹의 불행이 눈에 밟힙니다. 이들이 왜 기회를 잃어야 하는지, 왜 이들의 시간이 멈추어야 하는지, 왜 흔적도 없이 사라져야 하는지 저는 모르겠습니다. 그리고, 왜, 민주당 여성 의원들과 정의당 의원들을 포함한 페미니스트들과, 보수세력과, 언론과, 검찰(총장)이 함께 움직이는 듯 보이는 건지도 모르겠습니다. 같이 침묵하고, 같이 분개하고, 비슷한 논평들을 내고, 586을 혐오합니다. 언론은 정의당 비례 1번의원을 국가 진보의 상징적 인물처럼 다루더라고요. 한동안은 그녀의 말 한 마디 한 마디가 거의 다 기사화되었습니다. 그리고, 그녀를 비판하는 사람들은 여성혐오자. 꼰대. 구시대적 인간이 되었더라구요. 그런 주장을 펴는 칼럼들에 의해 꼰대가 되기도 했지만, 정말 재미있게도, 정의당 젊은 여성의원들을 진보의 새로운 상징으로 여기고, 그녀들에 대한 비판을 반 페미니즘적이고 반 진보적인 권위주의로 규정하는 쪽은 보수정당의 지지 세력들이었습니다.

5
정치적 미투, 가장 고요하고 가장 잔인한 광풍

어쨌든, 페미니스트들은 국민들에게 새로운 상식을 심어주고, 그들의 프레임을 일반명사화하는 데에 성공했다. 안희정 지사 미투 이후, 정확하게는 1심 패소 이후부터 페미니스트 진영은 '성인지 감수성'과 '피해자 중심주의', '2차 가해', '피해자다움' 등의 낯선 개념들을 제시했다. 그것들이 단기간에, 다수의 국민이 일반명사로 알 만큼 널리 퍼졌다는 것은, 페미니스트 진영의 권력, 그리고 그들이 벌인 여론전의 효율성을 보여준다.

페미니스트들은 미투 가해자로 지목된 이들을 감옥에 집어넣는 것을 일종의 전리품 획득으로 생각하는 것 같았다. 미투의 성패가 그들의 생사와도 관련 있는 것 아닌가 의심될 정도로, 그들은 참 난해한 방식으로 간절했다.

어느 여성계 인사와의 대화

"나도 걔가 좀 이상하다는 거 알아."

"누구요?"

"아니, 너네 그…… ○○○ 인가 하는 여자 말이야."

"이상하다는 걸 아신다고요?"

"그래."

"아니, 그런데…… 그걸 아는데……그걸 아는데 그럼……"

"……. 그렇게밖에 할 수가 없는 게, 만약 그 여자가 꽃뱀이 돼 버리면 대한민국에서 조직 내에서 성희롱 성추행 성폭행 당한 수많은 모든 여자들이 다 꽃뱀이 돼 버려. 여성인권이 돌이킬 수 없이 바닥으로 가는 거야. 우린 어떻게든 이 사건을 그러니까, 성공시켜야 했어."

나는 "어려운 결단이었겠네요." 하고 답했다.

"그렇지. 더 큰 목적을 위한 거지. 우리로서도 어려운 결단이었지."

당시 논란이 되었던 대형 미투 사건이 일어난 지 1년 정도가 지난 후, 모 여성계 인사와 술을 마시다가 들은 말이다. 그녀와 나는 매우 친한 사이였다. 그녀의 말이 여성계의 생각을 대표한다고는 할 수 없겠지만, 적어도 그녀의 말은 내 안에서 여러 가지 의문을 이끌어냈다. 그렇기 때문에 미투 운동을 더 열심히, 잘못된 걸 알면서도 계속해야 한다는 말인가? ○○○ 씨가 이상하다는 것을 알면서도 끝까지 피해자라고 못 박아야 한다는 말인가?

그 날 이후 나와 그녀는 급격하게 소원해졌다. 나는 내가 믿는 정의와 내가 사랑하는 친구를 맞바꾸었다. 친구를 선택하면 나의 정신을 버려야 했고, 나의 정신을 선택한다면 친구를 버려야 했다. 나는 친구가 아니라 내 정신을 선택한 것에 후회가 없다. 왜냐하면, 자신을 잃으면 세상을 잃는 것이나 다름없기 때문이다. 만약 내가 정신이 아니라 친구를 선택했다면, 나는 스스로를 가스라이팅하는 삶을 살며 피폐해져 갔을 것이다. 나는 인권을 위해 진실에 대한 의지를 내려놓은 사람을 신뢰할 수 없었고, 여성계가 그러한 집단이라는 의혹으로부터 더욱 투지를 불태우게 되었다.

내가 생각할 때, 위 여성계 인사가 주장한 '모든 여자가 꽃뱀이 될 수 있기 때문에 ○○○씨를 피해자로 만들어야 한다'는 논리는 궤변이었다. 정치적 사건에 대해 목소리를 낼 때 가장 기본이 되어야 하는 것은 진실이라는 믿음을 나는 갖고 있었기 때문이다. 그리고 그녀의 발언은 비도덕적인 행위라는 느낌도 주었다. 그녀는 ○○○씨가 '피해자답지 않다'는 사실을 알지만, 피해자라고 우김으로써, 게다가 피해자답지 않은 피해자도 피해자라는 레디컬 페미니즘의 관점까지 주입시킴으로써, 젊은 여성들에게 일종의 환상통을 주입하고 있었다. 인간의 원초적 감각을 왜곡시키고, 선과 악, 진실과 거짓에 대한 관념을 교란시키는 행위는 범죄에 가까운 비도덕적 행위라고 나는 생각했다. 그러한 측면에서, 페미니스트들은 '범죄 놀이'를 하고 있었다. 나는 이들의 '범죄 놀이'가, 진정한 '악'에 대한 인지가 너무 없어서 그런다고 생각하게 되었다.

진정한 악은 누가 됐든 –간접적으로라도– 경험하지 않는 게 좋지만, 스스로를 심판자의 지위에 올려둔 페미니스트들이, 우리 사회에 잠재된 악을 낱낱이 심판하기 위해 무슨 일이든 하겠다는 각오로 무장되어 보이는 사람들이, 그리고 실제로도 성폭력 센터 등에서 악인들을 많이 접했을 사람들이, 이러한 행태를 보여주고 있다는 생각이 들자 나는 공포심이 들었다.

피해자다움과
2차 가해 논쟁에 대하여

안희정 사건 1심 피의자 승소 당시부터, 아니 실질적으로는 그 이전부터 피해를 주장하는 사람은 무조건 '피해자'가 되었다. 언론에서만 그렇게 불리는 것이 아니라, 법정에서도 그렇게 불렸다. 페미니스트들은 고소인들을 피해자로 확정하고, 대중의 의구심을 2차 가해로 규정하면서 '피해자일 수밖에 없는 여인'을 만들어냈다. 어느 순간부터 일반 사람들도 그녀를 피해자라고 부르기 시작했고, 의구심을 제기하는 것을 포기해 버렸다.

피해자 - 고발인 호칭 논쟁(후일 박원순 사건에서 '피해 호소인 - 피해자 논쟁'으로 크게 불거진 호칭 논쟁)은 페미니스트들이 사용하는 '피해자다움'과 '가해자다움' 개념과도 연결된다. 즉, 페미니스트들은 전형적인 피해자의 모습을 보이지 않아도 피해자라고 주장하고 싶었던 것이고, 전형적인 가해자로 보이지 않아도 가해자라고 주장하고 싶었던 것이다. 이러한 주장 자체는 참신할지 모르지만, 문제는 사람들의 의구심을 모두 차단한 상태에서, 실체적 진실을 무시함은 물론 실체적 진실에 접근조차 불가하게 만든 상태에서 담론만을 선전했다는 데에 있다.

안희정 지사 2심 이후 언론을 달구었던 '피해자다움'과 '2차 가해' 논쟁에 대해 나는 이렇게 답하고 싶다. 한국이 그렇게 미개한 나라는 아니라고. 심지어 증거가 없거나 모두가 죄인이라고 손가락질하는 사람에 대해서도, 그 사람의 결백이 사회적 동의를 얻는다면 그는 피해자 그 이상의 지위에 오를 수도 있다고. 한국은 국가 폭력에 대한 집단적인 트라우마를 가진 나라이고, 부당한 권력의 작동 구조에 대한 국민적 공감대가 있기 때문이에 그렇다고. 그렇기 때문에 더더욱, 피해자가 되려면 피해자로 입증받거나 최소한 사회 구성원들에게 널리 인정받아야 한다고.

법은 신이 아니다. 따라서 법원의 판결은 완벽하게 정의로울 수 없다. 게다가, 대한민국은 사법 폭력과 일반 범죄의 희생자에 대한 연민과 공감의 정서가 있고, 모든 사람이 법 앞에 평등한 나라가 아니라는 의견 또한 사회 구성원들 사이에 팽배하다. 따라서, 사회 구성원들에게 자신이 피해자임을 설득하는 데에 성공하기만 해도, 즉 '피해자답기만' 해도 가해자는 충분히 처벌받을 수 있으며 사회 변화도 꾀할 수 있다. 대한민국 국민들은 합리성과 사회정의에 대한 욕망이 크며, 타인을 자신과 같이 생각하는 정情의 본성을 가지고 있기 때문이다. 대한민국 사회는 역동적이고 변화를 향해 열려 있으며, 사회적 캠페인에 대한 반응도 빠른 사회이다. 특히 불의에 대한 집단적 분노와 개혁 추진력의 측면에서는 따라올 국가가 없다고 나는 생각한다.

나는 무조건적이고 기계론적인 증거 최우선주의에는 반대한다. 법이 신은 아니듯 증거도 신은 아니다. 어쩜 그렇기 때문에, 순수한 의미에서의 미투는 필요하다. 진짜 폭력은 증거를 남길 여유 따위는 허락하지 않을 뿐더러, 특히 사회 구조상의 약자, 소수자, 미성년자 등 어리고 약한 사람에 대한 폭력은, 그것의 실상이 피해자에게는 매우 잔혹할지라도 쉽게 발견되지 않으며, 설사 피해자가 용기를 냈다 하더라도 폭력으로 규정되기도 어려운 교묘한 형태를 취할 여지가 다분하기 때문이다.

이런 면에서 나는 아동학대와 민주열사 탄압을 같은 맥락에서 보기도 한다. 폭력적 가정에 갇힌 아동이나 독재 치하의 민주 열사나 공히, 자신이 당하는 일을 알렸을 때 사회가 자신을 믿고 지켜주리라는 믿음을 갖기 어려운 상태 즉 원초적 고독과 소외의 상태 속에서 폭력을, 온전하고 순수한 형태의 폭력을, 그래서 더 잔인한 폭력을 견뎌야 하기 때문이다. 실제로 우리나라의 민주화를 이끌어왔던 사람들은 국가 권력을 신뢰하지 않았다. 그들은 '탁 치니 억 하고 죽었다'는 말을 믿지 않았고, 간첩조작 사건의 피해자들이 실제 간첩이라고 믿지도 않았다. 광주 민주항쟁이 북한의 소행이라는 말도 믿지 않았다.

중요한 진실들은 소수의 선각자들이 가졌던 믿음에 의해, 또는 소수의 유심한 관찰과, 그들에게 찾아들었던 불길한 예감에 의해 발견되었다. 그들의 믿음과 분노가 진실을 찾아냈고, 지금 그 진실은 불변의 역사가 되어 있다.

진실은, 진실로서의, 진실된 설득력을 자기 안에 확보하고 있다. 그런 측면에서 진실은, 천재적 소질을 타고난 채 버려진 꼬마 아이를 닮아있기도 하다. 진실은 자신의 힘으로 자신만의 길을 만들어나갈 역량을 갖고 있다. 군사독재의 엄혹함이 국민을 짓누르던 시절에도, 진실은 먼 하늘에 홀로 뜬 별처럼 빛나며 국민을 이끌고, 결국엔 국민에게 승리를 가져다주었다.

그 엄혹하던 시절에도 그랬을진대, 지금처럼 깨어있는 시민들이 많은 세상에서, 진실을 사랑하는 시민 동지들이 많은 세상에서, '권력에 의해 억울하게 성범죄를 당했다는 사람'은 어떤 측면에서는 영웅이나 다름없는 지위에 오를 수도 있다. 그렇기 때문에 김지은 씨의 미투가 순수한 미투라면, 증거가 불충분하거나 없었어도, 설사 가해자가 범죄를 인정하지 않고 뻔뻔하게 2차 가해를 자행했더라도 결국에는 그 미투가 성공했을 것이라고 나는 생각한다.

그러나 어쨌든, 페미니스트들은 국민들에게 새로운 상식을 심어주고, 그들의 프레임을 일반명사화하는 데에 성공했다. 안희정 지사 미투 이후, 정확하게는 1심 패소 이후부터 페미니스트 진영은 '성인지 감수성'과 '피해자 중심주의', '2차 가해', '피해자다움' 등의 낯선 개념들을 제시했다. 그것들이 단기간에, 다수의 국민이 일반명사로 알 만큼 널리 퍼졌다는 것은, 페미니스트 진영의 권력, 그리고 그들이 벌인 여론전의 효율성을 보여준다.

그 개념들을 성 문제 해결의 새로운 기준으로 세워야 한다는 주장, 그리고 그러한 '선진적' 기준에 따르면 안희정 지사는 국민의 상식과 법 감정상 무죄로 보인다고 하더라도 유죄여야만 하고, 유죄가 아닐 수 없다는 주장은, 페미니스트라면 당연히 믿어야 하는 교리 같은 것이 되었고, 그 주장을 뒷받침하는 논리들 – 예컨대 '위력은 존재함으로써 행사된다', '여성 노동자로서의 고충을 아는가' 등 – 은 마치 극단주의자들이 암송하는 종교 경전처럼, 여러 젊은 여성들의 입에서 입으로, SNS상에서 퍼날라지는 게시물들로, 또 여성단체들의 성명 속에서 외쳐졌다. 이 개념들은 보통 사람들 입장에서는 이해하기도, 아니 접근하기조차 힘든 개념이기도 했거니와, 그 취지에 공감하는 사람들 역시도, 그 개념을 과연 이 사건에 적용시키는 것이 옳은지에 대해서는 상당한 의구심을 가졌다.

페미니즘은 인문학이다 - 피해자 중심주의, 성인지 감수성, 2차 가해 개념의 본질적 의미와 오.남용 양상에 대하여

피해자 중심주의, 성인지 감수성, 2차 가해 등의 개념들은, '진짜' 성범죄 피해자를 위해서는 어떤 면에서 절실히 필요하다. 이 개념들 본연의 의미는 성범죄 피해자에게 합당한 처우를 보장하기 위하여, 그리고 피해자의 치유와 회복을 도모하기 위하여 설계된, 일종의 '맞춤형 공감.연대 프로젝트'이다.

실제로 진짜 피해자들은, 페미니즘을 모르는 피해자들의 경우에도, 이런 개념들이 존재한다는 사실 자체로부터 위로받기도 한다. 그들 홀로 감당했어야 할 싸움을 이 개념들이 대신해 준다는 점으로부터 위로받고 치유받을 뿐 아니라, 적어도 이러한 개념들이 피해자의 특수성과 피해자가 처한 상황, 피해자의 마음을 알아준다고 느끼는 것만으로도 피해자는 회복되어가기도 한다.

입을 열면 일터에서 잘릴 것 같아서, 나만 입 다물면 모두가 평화로울 것 같아서, 그냥 수치스러워서, 용기가 나지 않아서, 증거가 없어서, 내 잘못이라고 생각해서, 가해자와 친족 또는 기타 이유로 가까운 관계라서 등 이유는 다양했지만, 성범죄 피해자들은 대부분 피해 사실을 심지어 가족에게조차도 말하지 못했다. 성범죄라는 것은 신체적으로나 정신적으로나 사회적으로나 너무나 내밀한 부분을 공격해오는 것이었기에 말하지 못했을 것이다. 따라서 그들의 재활을 돕기 위해서는 성범죄의 특수성을 이해하는 것이 필요했고, 그러한 측면에서 위 개념은 상당히 정곡을 찌르는 측면이 있었다.

페미니즘이 유행할 당시, 언론 지면에는 '당했으나 말하지 못한' 사람들의 이야기가 많이 나왔다. 앞에서 지적한 페미니즘의 모순적 형태와 별개로, 억울함에 고통받는 이들의 마음을 풀어준다는 점에서 나는 그 기사들을 반겼었다. 그 기사들을 보고 있으면 나는 행복해졌다. 그래서, 왜곡된 페미니즘 운동에 대한 논리적 비판을 잠시 접어두게 되기도 했다. 어쨌든 이 세상은 고통으로 가득한 곳이고, 세상 어느 곳의 고통이 조금이라도 덜어진다는 사실을 인지하면 기쁘기 마련이니까.

다만 나는, 이러한 좋은 개념들을 왜 반드시 정치적 사건을 다루는 법정에서 사용해야 하는지, 그리고 왜, 이 개념들이 본연의 아름다운 취지를 잃고 미투 가해자로 지목된 사람들을 – 실체적 진실과 관계 없이 – 반드시 처벌해야 한다는 근거로 쓰여야 하며, 실체적 진실을 왜곡하는 도구로 쓰여야 하며, 그들을 처벌할 수밖에 없다는 점을 무리하게 설득하기 위하여 피력하는 '억지 논리'의 수단이 되어야 하는지에 대해 의심, 아니 의심을 넘어 분노를 가졌을 뿐이다. 페미니스트들은 미투 가해자로 지목된 이들을 감옥에 집어넣는 것을 일종의 전리품 획득으로 생각하는 것 같았다. 미투의 성패가 그들의 생사와도 관련 있는 것 아닌가 의심될 정도로, 그들은 참 난해한 방식으로 간절했다.

당시 뉴스 포털을 열면, 특히 진보언론을 표방하는 신문사 기사 중에는 다음과 같은 투의 기사를 많이 찾아볼 수 있었다. 칼럼과 보도기사의 중간 정도 성격을 띤, 제목은 질문 형태를 취한 글들이었다.

- "정말 제 잘못인가요"
- "남의 집 조상 제사상을 왜 제가 차리나요"
- "맞벌이 부부 늘어나는데, 여성의 가사 분담률 압도적"
- "20대 여성 자살률 증가, 소리 없는 학살"

특히 네 번째 기사는 당시 남성들의 심한 반감을 불러일으키기도 했다. 요즘은 이런 식의 기사를 찾아보기 어렵다.

위 제목들 중에는 성범죄 문제와 관련 있는 것도 있고 없는 것도 있다. 다만 이러한 기사들을 관통하는 시각은, 여성과 남성 사이에 권리의 평등이 상당히 이루어졌음에도 불구하고 (남성에게는 군 복무라는 의무만 하나 더 추가되어 있음에도 불구하고) 여성은 약자이며, 구조적 차별이 존재함은 물론 여성성 자체가 늘상 교묘한 방식으로, 당사자가 아니라면 알아차리기 어려운 방식으로, 억압받고 있다는 입장이다. 결국, '생물학적으로 여성 성기를 갖고 태어났기에 생기는 모든 일들'은, 여성의 주관적 기분까지도, 성차별적 구조로 귀인된다는 것이다.

여성이 사회에 본격적으로 진출한 것은 인류사 전체를 놓고 보면 매우 근래의 일이다. 따라서, 여성이 사회적 주체에 포함.융합된 세상이 앞으로 어떻게 변해갈지 우리는 알 수 없다. 이제까지의 '사회성'이라는 범주에 수컷의 특징 -강인한 체력, 이과적 두뇌, 수컷 간의 권력과 서열 정리에 능함, 공간지각력 등- 이 주로 반영되었다면, 앞으로의 '사회성'은 암컷의 능력 -공감, 보듬기, 세심함, 색깔.감정.느낌 분류에 능함, 포용적 리더십 등- 을 점차 흡수하며 이제까지와는 다른 형태로 변모해갈 수도 있을 것이다.

여성성에 대한 학술적 연구가 정치적 갈등이나 사회 구성원 간의 대립과 관계없이 독립적으로 진행될 수 있다면, 새로운 관점에서의 인류학 또는 인간학의 모델이 될 수만 있다면, 현재보다 더욱 심하게 성별 근본주의, 아니 성기 근본주의를 내세운다고 해도 크게 문제 삼지 않을 것이다. 어쩜, 레디컬하면 할수록 더 창의적인 연구가 나올지 누가 아는가? 실제로 해외의 사례들을 보면 '남에게 피해 안 주는' 레디컬 페미니스트들도 많이 있다. 유튜브에서 유명했던 'kill the man' 영상은 레디컬 페미니스트 중에서도, '페미니스트'라는 호칭을 가질 자격조차 없는, 인격이 잘못된 사람의 극단적 예일 뿐이다. 물론, 우리나라에서 '한남' '한남 유충' 운운하던 메갈리아와 워마드의 속마음이 이 영상과 은근히 겹치고, 또 대부분의 한국 권력형 페미니스트들이 메갈리아를, 일부는 워마드까지도 옹호했다는 점을 생각하면 등에서 식은땀이 나기는 하지만.

다만, 레디컬 페미니즘의 본산지인 미국에서도 레디컬 페미니즘은 여러 비판을 받았고, 큰 사회적 논란을 일으키기는 했으나 주류가 되지는 못했다. 레디컬 페미니즘 이론은 철학 이론의 일종으로서, 원서들은 일반인에게 난해하고 어렵다. 또한, 그 이론에 동의할 수 있느냐 여부를 떠나 학문으로서의 엄정함도 갖추고 있다. 한때 주디스 버틀러의 '혐오 발언' 등의 책이 한국에서도 널리 읽혔고, 내가 '권력형 페미니스트'라고 싸잡아 비판하고 있는 이들도 '여성학자'로서 페미니즘 고전을 번역하는 데에 몰두했다. 레디컬 페미니즘의 '원래 얼굴'은 그리 흉악하지 않다. 논쟁적일 뿐이다. 그 논쟁의 초점이 보통 사람들의 일반적 삶과 괴리되어 있기에 비판받는 것이고, 소위 '세상 물정 모르는' 상층계급 여성을 유혹하기에 딱 좋고 실제로 엘리트 여성들의 전유물처럼 되었기 때문에 비판받는 것이다.

다만 우리나라의 경우, 이러한 이론들이 수입되면서 발생한 오역('여성혐오'라는 말 자체가 오역이라고 주장하는 학자도 있다)으로 인한 개념 오해가 일차적 문제가 되었고, 이차적으로는 소수의 학자들이 연구하던 복잡한 이론이 SNS를 중심으로 익명의 대중에 의해 단순화되어 소비되는 과정에서 사회 불만, 개인의 주관적 감정 등과 결합하여, 공격적이며 반달리즘적이기까지 한 형태를 띠게 된 점이 이차적 문제가 되었다. 마지막으로, 이러한 대중 정서에 권력형 페미니스트들과 '완전한 민주 정부', 문재인 정권과 민주당이 손을 내밀면서 정치권력화되어 버린 것이 최종적 문제가 되었다.

안희정 미투와, 그 즈음의 페미니즘 유행은 20대 여성들에게 마약과 같은 정치 효능감을 가져다주었다. '내가 세상을 바꾸고 있다'는 느낌을 정치 효능감이라고 한다면, 젊은 여성들은 인터넷, 오프라인 집회, 여성단체 주최 캠페인 등을 통해

'피해자'와 연대하고 피해자를 지지하는 활동을 하면서, 거의 정치 혁명군들이 느꼈을 법한 효능감을 느꼈다. '내가 김지은이다' '우리 모두가 김지은이다'라는 구호는 정치 효능감을 넘어 자아 확장감까지도 보여주었다. 이러한 현상을 지켜보며 나는, 일부 병적 극우주의자들이 군사독재를 옹호하고 북한과 민주정부를 싸잡아 무조건 맹비난할 때 느끼는 감정을, 다수의 젊은 여성들도 느꼈을 것 같다는 생각도 해 보았다.

생물학적 여성이라면 근본적으로 피해자성을 갖고, 권리의 평등 여부와 상관없이 여성성 자체가 억압. 소외. 착취당한다는 사고관은, 실제 복지와 구제가 필요한 불쌍한 여성들에게까지는 가닿지도 못했다고 생각한다. 오히려, 한국형 레디컬 페미니즘은 각성과 자기 수양이 필요한 여성들을 더욱 매혹했던 것 같다. 자신의 감정에 빠져 있으면 타인에 대한 공감 능력과 배려심, 공동체에 대한 사랑이 서서히 고갈되기 마련인데, K-페미니즘은 젊은 여성의 바짝 마른 마음속에 던져진 담배꽁초처럼, 그들 영혼의 영토를 태워버렸다.

안희정 지사 미투 이후, 정확하게는 1심 무죄 판결과 2심 유죄 판결 시점부터, K-페미니즘식 젠더 인식을 우리 사회의 일반 상식화하고, 그러한 방식의 왜곡된 상식을 보편 인권과 연결지으려는 시도가 판을 쳤다. 페미니스트들에게는 끊이지 않는 권력의 보급이 필요했고, 이는 곧 대중의 쉼 없는 분노를 의미했다. 그랬기에 페미니스트들은 충분히 무고의 소지가 있는, 기존의 법체계대로라면 무혐의가 나와야 마땅한 사건을 성범죄 사건으로 만드는데 그토록 집착하지 않았나 하는 생각이 든다.

인문학의 최종적 목표는 인간에 대한 깊고 수준 높은 연민을 갖는 것이라는 말이 있다. 내가 좋아하는 말이다. 인간의 존재를 연구하는 학자들이라면, 인간의 숙명과 인간됨의 비애에 대하여 깊이 이해할 수 있어야 존재의 찬란함도, 인문학적 가치들의 진정한 값짐도 이해할 수 있다.

앞서 짚었듯이, 레디컬 페미니즘은 자칭 인문학, 그중에서도 철학의 한 분야이다. 실제로 한국 대학에서 여성학은 철학과 수업에서 다루어지며, 유럽 대학에도 '여성 철학'이라는 분과가 있을 정도로, 페미니즘은 명실상부한 '인문학'이다. 우리나라의 페미니스트들이 그토록 자신 있을 수 있는 것도, 인간과 사회의 근간을 연구하는 학문에 그들 주장의 근거와 활동의 뿌리를 두고 있다는 의식 때문이라고, 또, 그들 자신이 선하다는 확신 때문이라고 나는 분석한다. 그들은 여성 문제에 대한 자신들의 생각을 여러 각도에서, 사회 여러 부분에서 발생하는 문제 사례들을 소재로 피력하는 과정에서, '약자에 대한 연민'을 내세운다. 그들은 무결하고 순수한 가치를 수호하기 위하여, 선각자적 태도로, 새로운 학적 세계와 인식 체계를 열어간다는 거대한 자존심을 갖고 활동했다. 그렇기에 그들은 우리가 생각하는 것보다 더욱 더 큰 헤게모니를 꿈꾸었던 것 같다.

그들은 외국의 페미니즘 고전을 해석.인용하고 우리 사회에 적용시켜서 자신들의 언어를 획득해갔다. 그들이 숭상하는 고전 자체는, 논란의 여지가 있기는 하지만 학문적으로 뛰어난, 한 시대의 고전이 될 수도 있을 만한 저작임에는 의심의 여지가 없다. 그러나, 문제는 그런 좋은 원작들에 등장하는 '강직한 말'들을 틀린 맥락에서, 논리적이고 법리적인 허점을 가득 남긴 채 우리 사회에 주입시켰고, 그렇게 세뇌시킨 바를 마치 유일한 진리인 양 설파했다는 데 있다.

헛똑똑이 나라

나만의 생각일지 모르지만 우리나라는 '헛똑똑이' 나라다. 못하는 게 없는데, 각 분야마다 지극히 한국적인 문제들, 다른 나라에서는 찾아보기 어려운 구조적 문제를 갖고 있는 것 같다.

우리나라에는 다른 나라에는 없는 DNA가 있다. 한강의 기적, 반도체, 휴대폰, 전기차 등 첨단 기술 개발, 최근 K-컬쳐의 확산 속도 등에서 볼 수 있듯 외부를 향한 개척력이 뛰어나며, 일단 주어진 기회는 악착같이 잡아 무에서 유를 창조해내는 힘이 우리에게는 있다. 그러나 역설적으로, 어느 분야에서든, 아주 단순한 구조적 문제가 근본적으로 해결되지 못한 채 당연한 관습처럼 방치되는 경향이 있는 것 같다.

예컨대 순수 인문학 분야의 경우, 그가 연구하는 학문의 본산지인 유럽에 갔다면 천재 소리 들으며 큰 학자가 될 수 있을 것 같은 인물들은 묻히고, 한국에서 학문 카르텔을 형성하고 있는 '깜냥 안 되는 사람들'은 고전을 그대로 암송하듯, 이미 있는 것을 설명하고 또 설명하는 행위를 반복하고 있으며, 그 '이해와 설명의 기술' 외에 독자적 시각은 해외 학부생들보다도 부족할 수 있는 학자들이 일종의 사대주의를 형성하고 있다.

문화예술.체육분야도 마찬가지이다. 체육분야에서는 뛰어난 선수가 있어도 협회가 밀어주지 않는 경우가 많으며, 주식시장은 위대한 기업들이 있음에도 불구하고, 개인투자가 비율이 타 국가에 비해 높음에도 불구하고 공매 세력에게 지배당한다. 사실상의 상습적 주가 조작이 마치 당연한 시장 논리의 일부처럼 방치되고 있다. 예로 든 몇 가지 현상 이외에도, 한국은 디테일에 강하지만 구조에는 약한, 이미 깔린 판에 지배당하며 스스로를 착취하는 형태로 자아 발전을 꾀하는 사람들이 일반적인, 한국 사람이 아니라면 이해하기 어려운 특이한 사회성을 가지고 있는 것 같다.

페미니즘 문제도 마찬가지다. 결국 페미니즘 세력이 내뱉는 수많은 난해한 언어들은, 그들이 내세운 피해자가 진짜냐, 가짜냐를 국민 앞에서 철저히 검증하면 다 풀릴 문제이다. 페미니스트들은 모두 똑똑한, 엘리트 전문직 여성들이다. 그럼에도 불구하고 그들은 이 문제 하나 풀어내지 못한 채, 별다른 견제가 없다면 영원히 지속될 듯한 회피 전략만 쓰고 있는 것 같다.

진보주의의 아이러니

독일의 시인 브레히트는 이렇게 노래했다.

"Ach, wir

Die wir den Boden bereiten wollten für Freundlichkeit

Konnten selber nicht freundlich sein.

아, 우리는

친절함의 토대가 될 토양을 깔기를 갈망했던 자들이지만

우리 스스로가 친절한 사람이 되지는 못하였다."

여기에서 '친절'은, 사랑, 온정, 관용, 평화, 우애…… 등 인간이 삶에서 누릴 수 있는 행복과 미덕을 뜻한다.

베르톨트 브레히트(1898~1956)는 독일의 극작가、시인、무대연출가로, 1차대전 기간에 군병원에서 근무하기도 했다. 나치 치하의 떠돌이 망명예술가였던 브레히트는 당시 시대상에 밀착된, 정치.사회적 비극과 인간사의 아이러니들을 시, 풍자시, 연극 등으로 표현했다. "신발보다 더 자주 나라를 바꾸며"라는 시구, 풍자극 "서푼짜리 오페라" 등으로 유명한 브레히트의 시각은 신랄하면서도 섬세하여, 어느 세력, 또는 누군가를 맹목적으로 숭상하거나 영웅시하지 않으며, 역사적 정의의 흐름을 사랑하면서도, 인간사 구석구석의 비극과 모순을 직시한다는 특징을 갖고 있다. 그래서였는지 브레히트는 개인적 삶에 있어 고단했고, 고독했다.

브레히트의 시 〈후손들에게 An die nachgeborenen〉 중 3번 파트는 내가 브레히트의 시 중 가장 좋아하는 부분이다. 이는 과거의 혁명가들이 처한 인간적 모순 – 개인적 삶과 집단적 삶 또는 대의 사이의 괴리 – 과, 투쟁으로는 해결할 수 없는 진정한 비애에 대한 솔직한 고백 같은 시이다. 진실은 늘 먼 곳에, 적어도 권력과는 먼 곳에 있음을 다시금 묵상하게 되는 시이기도 하다. 성찰은 고독한 것이며, 교의화된 정의는 더 이상 정의가 아님을 상기하게 하는 시이다.

III

Ihr, die ihr auftauchen werdet aus der Flut

In der wir untergegangen sind

Gedenkt

Wenn ihr von unseren Schwächen sprecht

Auch der finsteren Zeit

Der ihr entronnen seid.

Gingen wir doch, öfter als die Schuhe die Länder wechselnd

Durch die Kriege der Klassen, verzweifelt

Wenn da nur Unrecht war und keine Empörung.

Dabei wissen wir doch:

Auch der Hass gegen die Niedrigkeit

verzerrt die Züge.

Auch der Zorn über das Unrecht

Macht die Stimme heiser. Ach, wir

Die wir den Boden bereiten wollten für Freundlichkeit

Konnten selber nicht freundlich sein.

Ihr aber, wenn es so weit sein wird

Dass der Mensch dem Menschen ein Helfer ist

Gedenkt unserer

Mit Nachsicht.

그대여, 우리가 침수돼버린 바로 그 물에서 솟구쳐나올 그대여
그대가 우리의 나쁜 점에 대해 이야기할 때면
그대가 피해 간(그대를 비껴 간) 어두운 시대에 대해서 생각해다오

우리는 신발보다 더 자주 나라를 바꾸며
계급의 전쟁을 통과해 지나갔다, 거기에 불의만 존재하고 항거는 없음에 절망하며.
응, 동시에 우리는 안다
저열함에 대한 증오까지도 그 증오가 우리의 대열을 일그러뜨린다는 것을.
또한 불의를 향한 노여움이 목소리를 쉬게 만든다는 것을.
아, 우리는 친절함을 위한 땅을 준비하기를 원한 자들로서
스스로가 친절하지는 못하였다.

다만 그대여, 인간이 인간을 돕는 세상이 도래하면
관대한 마음으로 우리를 생각해 달라

번역은 내가 직접 했다. 태부족한 독일어 실력으로 한 단어 한 단어 사전을 찾아가며 번역했고, 그래도 단순한 직역 수준에 머무르지는 않았다. 그만큼 이 시를 사랑했으니까. 나는 디테일을 놓치지 않는 적확한 시각을 좋아한다. 그리고, 그 적확함이 결 굵은 정의감에 뿌리내리고 있는 것을 확인하면, 저자나 필자를 사랑하는 마음이 생긴다. 정밀한 사고력만 있는 글은 무오류성을 빛내며 매력을 발산하지만, 감수성이 뒷받침되지 않은 탓에 사도에 빠지기 쉽고, 이미 사도에 빠져 있는 상태일 수도 있다. 이러한 경우, 필자의 사고력이 사회정의와 궤를 같이하는 '우연'이 받쳐주어야만, 정의는 실현된다.

그러나 정밀한 사고력도 있고 그것이 필자의 가슴 속에서 원래부터 살고 있었던, 흔들리지 않는 정의감과 인간주의적 사색에 뿌리내리고 있다면, 그 필자는 언제나 어디서나 정의로울 수 있다. 전자의 필자와 후자의 필자는 겉보기에 비슷해 보이지만, 후자의 필자가 훨씬 더 어려운 싸움을 하고 있는 것이다. 전자의 필자가 운 좋은 기술자로 남아 허공에 칼을 벼릴 때, 후자의 필자는 사상가의 길을 가게 된다. 나는, 후자의 필자를 꿈꾸지만 내 글쓰기 실력은 언제나 형편없다.

"저열함에 대한 증오까지도 그 증오가 대열을 일그러뜨린다는 것을. 불의를 향한 노여움이 목소리를 쉬게 만든다는 것을."

그렇다. 불의의 시대에 태어난 휴머니스트는 즐거운 삶도, 평화로운 삶도 누리기 어렵다. 그의 존재는 미래를 향해 활짝 열린 세상으로 뻗어나가는 것이 아니라, 불의에 대한 증오라는 벽 –자신이 세운– 을 망치로 깨며 나아가야 하는 운명에 처하게 된다. 그는 세상의 모든 호의를 액면 그대로 받아들이지 못하고, 선불교를 혐오할 수도 있다.

그런 이가 건장한 청년이 되면 증오를 가장 먼저 배우고, 불의에 대한 증오로부터 무한 생성되는 분노를 삶의 중심 동력이자 현실 활동의 축으로 하는 서사를 써 나가게 될 수 있고, 이는 결단의 문제가 아닌, 운명에 의해 강요되어지는 전인적 문제일 확률이 높다.

그러나, 브레히트의 말처럼 그러한 증오와 분노는 타인이 아니라 자신을 일그러뜨리며, 타인의 목소리를 쉬게 하는 대신 자신의 목소리를 쉬게 한다. 청년은 추레한 노인 또는 노파가 된다. 그가 혁명가로 지내는 동안, 세상은 세속의 논리대로 변화하며, 새로운 질서를 구축한다. 그는 마치 불시착한 외계인처럼, 새로운 세상에 적응하면서도 이념을, 최초의 분노를 잃지 않기 위해 점점 기도하는 심정이 된다. 어쩜, 기득권의 가혹함 앞에 그의 영혼마저 빛을 잃어갈 수도 있다.

어쩜 안희정 지사는, 정치적으로 죽어야 하는지도 모른다. 그의 존재는 사회에 박힌 가시처럼, 빼낼 수도 깊이 박아 넣을 수도 없는 귀찮은 터럭, 또는 옛 티눈처럼 되어버릴지도 모른다. 그는 끝내, '분노와 증오를 무기로 대열을 일그러뜨리고 흐트러뜨린' 사람이 되어 처형당할지 모른다. 그제야 그는, 흐트러지는 대열과 쉰 목소리의 비극으로부터 벗어날 수 있을지도 모른다. 시대가 버린 인간, 그래서 새 시대를 불러와야만 하는 인간은 늘 그런 식이다.

안희정 지사는 감옥에서 주고받은 서신에서 이렇게 말했다. "민주주의자는 집이 아니라 길에서 죽게 되어 있다"고. 그들의 비애에 관해서는 누구도 변명해주지 않는다. 그들의 동지를 자처했던 이들은 이미 세속을 향해, 아니 세속 속에서의 정치의 얼굴을 향해, 정치 조직의 권위 있는 지속과 유려한 논변의 모범을 향해 등을 돌려버린 지 오래이다. 그리고, 추방된 그들에게, 어쩜 남들과는 차원이 다른 삶을 산 그들에게, 세상은 그 누구에게보다 더 엄격한 잣대를 갖다 댄다. 그들의 삶이 이미 너무 복잡해져, 그 잣대로는 잴 수 없는 형태가 되어 있다면, 사람들은 고대 그리스 시대의 고문법처럼 그들의 팔다리를 자르거나, 죽여 버린다.

앞의 두 문단을 쓰면서 나는 노무현 대통령을 생각했다. 납치되어 바다로 끌려가던 김대중 대통령도 잠시 생각했다. 그들은 민주당의 정신이며, 민주당의 대표 인물들이다. 그러나, 아마 대중이 보기에만 그러할 것이다.

나는 브레히트의 이 시를 현재의 민주당에 바치고 싶은 생각이 전혀 없다. 현재의 민주당은 '진정 무엇이 옳은가'를 고민하기보다, '어떻게 행동해야 옳아 보일까' 또는, '어떻게 처신해야, 무엇이 옳은지 고민하는 집단처럼 보일까'를 계산하고 있기 때문에, 태도의 측면에서부터 근본적으로, 도전정신과는 전혀 다른 길을 가고 있다. 진정성은 변혁을 불러오지만, 용기 없는 사람들의 눈치보기식 계산적 행태는 이미 명을 다한 혁명가들의 환영만을 불러온다.

    나는 오히려, 이 시를 민주당 앞에 갖다 대며 부끄러운 줄 알라고 말하고 싶다. 아니, 부끄러운 줄도 모를 거라고. 당신들은, 죽었다 깨어나도 이 시를 이해하지 못할 거라고, 이해하지도 못한 채 큰그림을 말하고, 가치를 말하고, 이런 시 비슷한 경구들을 읊으며 대중 앞에서 읊으며 소비하다가 스러질 것이라고 그렇게 말하고 싶다. 정작 이 시는, 당신들에게는 당연한, 그러나 그들에게는 당연하지 않은, 제도적 생명 즉 제도 안에 있을 자격을 빼앗긴 사람들이 온 삶을 갈아서 써낸 것인데 말이다.

진보주의의 영웅들을
추억하며

촛불혁명 때 넘쳐나던 민주당의 인재들은 이렇게 죽어나갔다.

이전에는 진보 투사들이 죽어도 진보 정신만은 살아있었는데, 이제는 페미니즘이라는 새로운 변수가 끼어들면서, 진보 정신 자체가 페미니즘으로 아예 바뀌어 버리고, 진보 정신은 언론에서도, 당에서도 흔적을 찾을 수 없게 된 것 같다. 지금의 진보 진영을 보면 정말, 그라운드 제로에 서 있는 기분이 든다. 이제 김대중과 노무현의 사자후는 역사의 뒤안길로 사라지는 것인가? 그들이 말했던 가치가 너무 더럽혀져서, 그 원 의미를, 그 정서를 속속들이 기억하는 사람들은 차라리 '나는 꼴통이요' 하고 아무 말도 하지 않는 것이 더 좋을 것 같아서 슬프다.

민주당이 집권 여당으로서 사회정의 실현의 책임을 다하고자 했다면, 이들이 미투를 당한 이유는 노무현 대통령이 검찰에 소환되었던 이유와 근본적으로는 크게 다르지 않다는 점을 인정했어야 했다. 중요한 순간에 비겁해지는 사람들이, 노무현 대통령은 신처럼 모신다는 사실에 분노한다. 그렇게 신성하게 모시다가도, 노무현 정신을 왈가왈부하면서 싸운다. 만약에 당신들이 정말 노무현 정신을 지키고 있다면, 그렇게 논쟁하지 않아도, 당신들이 걷는 것만 봐도, 당신들의 침묵에서조차도 직관적으로 노무현 정신이 느껴져야 한다.

지금까지 기득권과 소속 정당 모두에게 환영받지 못했던 투사들, 노무현의 진정한 동지들이 어떤 사람들인지 추억하면서 이 장을 마치려고 한다. 비겁한 자들의 기만과 비난에 의해 망가져 간 그들의 삶이 막막하게 느껴진다. 왜 이런 나라에 오셨는가? 조금만 더 좋은 나라로 가시지. 당신들은 홀로 컸고, 엄한 사람들에 의해 신격화되었고, 당신들을 신격화시키던 그들에 의해 왕따당했으며 결국 죽었다. 차라리 영전을 비워두고 싶을 만큼 쓸쓸히. 한 편의 시 같은 삶의 여운이 매우 고통스럽다. 잃어버린 영웅들에 대해 말해 무엇하겠냐만, 이 책에서나마 그들의 삶이 기념된다면 그들은 반드시 부활할 것이다. 장밋빛 미래를 기대하며, 서사적 찬사로 이번 장을 마치려고 한다.

이제 TV에도 안 나오고 당적도 잃었으며, 빨갱이 혹은 성범죄자, 뇌물수수범 등으로 불리는 진보의 혁명가들. 이 책의 취지에 공감하는 독자라면 내가 굳이 그들을 호명하지 않아도 몇몇 특정 인물들을 떠올리리라 믿는다.

그들은 영원한 풍운아들이다. 역사는 그들을 안아주지 않았지만, 역사는 다만 그들을 잠시 불러다 이용하고 버렸지만, 그들은 그런 사실도 모른 채 순진하게 살았다. 그들은 '네 시작은 미약했지만 끝은 창대하리라'라는 성경 말씀에 응답하는 삶을 살았다. 누구도 손 내밀어주지 않던 광야가 그들에게는, '응답받을 땅'이었다. 천주교 사제들에게 있는 사제 성소처럼, 그들에게는 '운명의 성소'가 있었다. 그들은 평범한 사람들보다 더 평범했지만, 그랬기 때문에 전혀 평범하지 않았다. 그들은 사욕보다는, 대중을 설득하는 데에 욕심이 있었다. 우리가 그들에게서 맡은 '사람 냄새'는 평범한 사람에게서 속물성만 골라 제거한 결과였다.

그들은 제도를 벗어나 움직이는 풍운아들 같았지만 실은 제도적인 인간형보다 더, 제도에 대한 이해가 깊었다. 단지 삶의 서사가 제도의 시간에 묶이지 않았을 뿐이다. 그러나 공동체에 대한 당신들의 충심을 증명하듯, 결국 제도로 돌아왔다. 정치인으로서 새로운 제도를 창조하거나, 좋은 삶에 대한 새로운 기준을 우리 사회라는 거대한 제도 내에 정립함으로써 귀향했다. 이들은 제도와 권력을 동일시하여 모든 종류의 통제를 무작정 두려워하던 사람들을 권력의 주인으로 만들기 위해 노력했다. 나를 내려다보기만 하고 평가하기만 하고 통제하기만 할 것이라고 믿어 의심치 않았던 크고 무서운 관(官)이, 나와는 동떨어진 채 언제나 저 딱딱한 거대함으로 정지해 있던 것이, 나의 의지와 더불어 움직인다는 진실을 일깨워준 사람들이다. 그들이 나타나기 이전의 세상에서, 철듦 즉 사회를 이해하고 이해한 대로 행위하게 되는 일련의 과정은 고통과 절망으로 점철됐지만, 그들이 나타난 이후 철듦은 기분 좋은 설렘으로 벅차오르는 혁신이었다.

6

퇴행하는 사회를 저지해야 한다

서신을 쓰면서, 내게는 체면도 없고 격식도 없었다. 그저 내가 보고 듣고 느낀 것을 적어야겠다는 절박한, 어쩜 계시적 동력만이 있었을 뿐이다. 나는 중세 복음서 일러스트레이션에 등장하는, 머리털이 곤두선 채 하나님의 말씀을 받아 적는 사람처럼 서신을 썼다.

당시에는 '뉴 노멀 -신표준- '이라는 말이 세간을 떠돌고 있었다. 나는 그 말의 뜻을 학술적으로 이해할 수는 없었지만, 직관적으로 이해할 수는 있을 것 같았다.

잘못된 방향으로 쏟아진 정의의 화살

 안희정 지사에 대한 미투 그리고 그 이후의 사회 현상들은 낯설었다. 여기에서 '낯설다' 함은, 기존에 진보 시민들이 정치 상황을 읽어내던 방식대로는 이해하기 어려운, 진영 구분이 사라지고 MZ세대의 정의감과 페미니즘이라는 새로운 변수가 출현했기에, 현상을 해석하기보다는 현상 그대로 받아들일 수밖에 없게 되었다는 뜻이다. 당시 나는, 새로운 세상이 오고 있다는 느낌을 받았다. 지금까지와는 질적으로 다른 대한민국이 천천히 걸어오고, 아니 급격하게 행진해오고 있다는 느낌을 받았다. 단지 '느낌'으로 치부할 수 없는, 강력하고 압도적인 예감 같은 무언가가 내 의식의 문을 두드리고 있었다.

나는 '불의'한 사회가 아니라, '부조리'한 사회를 맞딱뜨렸다고 생각했다. 안 지사에게 보냈던 서신이 A4용지 57페이지에 달할 정도로 길어야 했던 이유도, 단일한 비판 대상을 논리정연하게 비판하지 못하고, 여러 가지 현상과 세력들의 아이러니한 관계를 내 나름대로 짜 맞추어야 했기 때문이었다.

안희정 지사 미투를 기점으로, 우리 사회는 정의에 대한 새로운 접근법과 언어를 찾아가고 있다고 나는 생각했다. 그리고, 그러한 원천적 변화의 부작용들로서 정의당 비례대표 의원들의 행각, 개신교 집회 사태, 조국 장관에 대한 검찰의 폭력과 '살아있는 권력'이라는 말 속에 담긴 모순, 윤석열 대망론 등을 고찰했다.

서신을 쓰는 과정은 심적으로 꽤 고통스러웠는데, 그럼에도 불구하고 이 서신을 완성해야겠다고 생각했던 이유는 명확했다. 우리 사회가 정의에 대한 관심을 놓지 않고 있다는 확신이 내게 있었기 때문이었다. 그리고 정의에 대한 우리 사회의 관심이, 현상 유지를 넘어 더욱 섬세해지고 치열해지고 있다는 점이 나를 더욱 채찍질하게 만들었다. 국민들의 정의감은, 거악에 대한 저항의 수준을 넘어서서 위선, 그리고 일상 속 폭력과 인간주의적 사회환경을 요구하는 수준까지 가 있는데, 기성 정치권과 기득권이 이를 이용하여 그들만의 정치 놀이를 하고, 권력을 탐하고 있다는 생각은 나를 미칠 듯한 분노로 밀어넣기도 했다. '더욱 섬세하고 치열한 정의감'의 영광은 물론 MZ세대에게 돌려야 한다.

나는 그 흐름으로부터, 새로운 정의감의 흐름으로부터 이탈해서는 안 되었다. 그 중심에 서서 모든 '부작용'들을 관찰하고, 기록으로 남겨야 했다. 나는 서신을 쓰며, 일종의 당대사를 쓰고 있다는 생각까지 했다. 이 서신을 쓰는 것은, 당시 내게 가장 중요한 의무였고, 공동체에 대한 사랑 고백이기도 했으며, 나의 직관과 감성을 최대한 활용한다는 면에서 예술적 작업이기도 했다.

서신을 쓰면서, 내게는 체면도 없고 격식도 없었다. 그저 내가 보고 듣고 느낀 것을 적어야겠다는 절박한, 어쩜 계시적 동력만이 있었을 뿐이다. 나는 중세 복음서 일러스트레이션에 등장하는, 머리털이 곤두선 채 하나님의 말씀을 받아 적는 사람처럼 서신을 썼다.

내 서신을 한 마디로 요약할 수 있다면,

'**잘못된 방향으로 쏘아진 정의의 화살의 비극**'이라고 할 수 있을 것 같다.

다른 말로 표현한다면

'**위선을 타파하려다가 생겨나는 또 다른 위선의 얼굴**'이 될 수도 있었다.

아포리즘이나 경구를 연상시키는 나의 이 화두는 당시의 정치 상황을 보는 나의 관점이 되었다. 사실, 정치 이슈와 사회 현상들에 이렇게 단순한 방식으로 접근하는 것은 실은 그리 건전한 방법도, 좋은 태도도 아니라고 생각한다. 하지만 애초에, 일반 대중에게 전달되는 정치 상황과 그들이 읽어내는 계파 구도는, 실제 정치권 내부 사정에 비하면 극히 추상적이다. 안희정 지사가 낙마한 후 나는 더 이상 '정치권 사람'이 아니라 '일반 시민'이었고, 이러한 아마추어적 방식은 나의 최선이었다.

'잘못된 방향으로 쏘아진 정의의 화살의 비극'
'위선을 타파하려다가 생겨나는 또 다른 위선의 얼굴'

이 두 말은, 내가 안희정 지사 사건부터 박원순 시장의 죽음까지, 조국 사태 이후 '내로남불 정당'으로 바뀌어버린 민주당의 정체성과 잃어버린 명예, 그리고 '살아있는 권력을 수사하는' 윤석열 대통령 당선까지 가능하게 한 '진보 진영의 부조리한 실패'를 해석하는 데에 중요한 도구가 되었다.

진보주의와 진보정신, 빈사 상태에 빠지다

"현재의 언론에 생겨난 프레임, 여성주의자들의 동향, 진보

언론사들의 대규모화와 보수화, 기존 진보 언론인들의 낙오, 페미니즘 이슈와 공정. 사회정의의 이슈가 해석되고 이용되는 방향, 검찰과 보수정당에 대한 편향적 옹호, 정부 여당의 고립……등의 양상을 저의 눈으로 따져 볼 때, 우리 사회는 '표현의 자유가 보장된 민주화 상태'의 환상에 취해서 진보시민들의 대전제와 같았던 역사관을 잊어가고 있다고 보입니다."

안희정 지사 미투 그리고 조국 전 장관에 대한 검찰의 폭력 사태 이후, 우리가 기존에 알고 있던 진보진영 자체가 붕괴되고, 기존에 알고 있던 '진보주의' 자체가 변질되었다고 나는 판단했다. 이 두 사건을 계기로 한 진보진영의 붕괴는, '보수는 부패로 망하고 진보는 분열로 망한다'는 말로 상징되는, 기존의 민주당 내 사소한 계파 갈등이나 구성원 간의 분열. 알력 투쟁을 넘어선, 다른 층위의 문제였다.

안희정 지사 미투와 소위 '조국 사태'는, 민주당을 분열시키기보다 오히려 새로운 방식으로 통합시켰다고 나는 생각한다.

이 두 사건 앞에서, 실체적 진실을 국민 앞에 밝히고 진짜 잘못한 사람이 누구인지 말하는 의원은 보이지 않았으며, 여성의원들을 포함한 민주당 국회의원 전체가, 당의 이름으로, 국민 앞에 사과하기에 바빠 보였다. 민주당의 비굴함은 사과에서 끝나지 않았고, '자성의 태도를 보이겠다'는 수준까지 나아갔다.

민주당은 안희정 사건에 대해서는 '2차 가해'를 논하기 이전에 실체적 진실이 구체적으로 어떠했는지를 국민 앞에 밝혔어야 했고, 소위 '조국 사태'에 대해서는 조국 장관에 대한 정확한 혐의를 국민 앞에 밝힘과 더불어, 실제 혐의의 중함 정도를 훨씬 상회하는, 그리고 범인을 처벌하기 위한 수사 이상의 정치적 목적이 분명한, 그리고 혐의 당사자 가족들에 대한 폭력적이고 양아치 같은 행태까지 서슴지 않는 검찰의 폭거에 적극적으로 항거했어야 했다.

그리고, 국회의원 300명 중, 아니 정치권 사람들을 포함하여 대한민국 '상류층' 중에, 조국 장관만큼의 '혐의'를 갖고 있지 않은 자는 없으리라는, '양심고백' 또한 했어야 했다. 민주당이 강직하고 올바른 정당이라면, 아무리 고통스러운 결단을 내려야 한다 하더라도 그렇게 했어야 했다고 나는 생각한다.

어쩜, 안희정 미투와 조국 사태는 민주당에게, 민주당으로서의 강직한 기조를 유지할 수 있는 마지막 기회였다고 나는 생각한다. 민주당은 조국과 안희정을 희생양 삼아 고통을 회피했다고 생각한다. 그리고 그러한 점 때문에, 강직하지 못한 태도 때문에, 진보주의의 정체성 자체가 흔들리는 지경까지 갔다고 느낀다. 당시 민주당에는 국민을 움직일 수 있는 힘이 있었다. 그러나 그들은, 국민을 진정한 정의를 향해 끌고가기보다, 광기 어린 정의감의 연못을 향해 말처럼 끌고 가서, 독극물을 먹였다고 나는 생각한다.

민주당이 '눈치 보았'던 여론이 대한민국 국민 전체의 생각을 대변하고 있었다고도 나는 생각하지 않는다. 왜냐하면 안희정 사건과 검찰의 난은, 일반 사람들이 보기에도 비상식적이었을 것이라고 판단하기 때문이다.

안희정 사건 당시, 남.여 가릴 것 없이, 특히 나이 많은 여성들은 사건 초기부터 '불륜'이라고 말했다. 이러한 여론은 모두 2차 가해였을까? 논쟁의 여지가 충분한 사건을 '가해자-피해자' 간의 일방적 폭력 사태로 기 규정하고, 이를 국민에게 납득시키기 위해, 즉 안희정 지사를 성범죄자로 만들고자 연일 TV에 출연하는 여성들의 말이 과연, 민주당이 고개 숙이고 또 숙여야 할 국민 전체의 입장을 대변하고 있었을까?

또, 단 한 사람에게 부과된, 가볍다면 가볍고 일반적이라면 일반적인 비위에 관하여 검찰 전체가 총력을 다해 수사하고, 수사 과정의 디테일과 조국 전 장관의 일거수일투족을 하나하나 보도하는 상황은 누가 보아도 이상했다. 그래서 나는 '내로남불'에 대한 민주당의 사과가, 오히려 조국 전 장관에 대한 부정적 여론을 창조했거나 최소한 가중시키지 않았나 하는 생각에도 이르게 되었다.

그래서 나는, 미투와 조국 사태에 대한 민주당의 태도를 '사과와 자학의 정치'라고 부른다.

안희정 지사 미투와, 조국 장관에 대한 검찰의 폭력 이전까지는, 민중들 사이에는 도도한 명맥처럼 진보주의의 가치가 흐르고 있었다. 말 안 해도 아는 어떤 색채, 진보주의의 어떤 색채를 우리는 알고 있었다. 그러나 이러한 가치를 체화하고 있던 시민들은 어느 순간 모두 '꼰대'가 되어버렸다.

기존의 진보주의자들이 '꼰대'가 된 이유는, MZ세대의 새로운 방식의, 섬세한 정의감이 기성정치에 이용당했기 때문이라고 나는 생각한다. MZ세대에게는 죄가 없다. 다만, 그들의 정의감이라는 정치적 화살이 '잘못된 방향으로 쏘아진' 것, 그것 자체가 하나의 사회 현상이었을 뿐이다.

MZ세대는 조국과 안희정을 '위선의 상징'으로 보았다고 나는 판단하고 있다. MZ세대는 이 두 '상징적 가해자'로부터 자신들이 일상에서 경험했던 부조리를 떠올리며, 자신들 각각의 가해자들과 조국. 안희정을 같은 선상에 두고 비판적 시각으로 바라보았던 것 같다. 즉, 조국과 안희정은 MZ세대의 입장에서 '더 이상은 반복되어서는 안 되는, 우리가 바꾸어 나가야 하는 구습'의 초상이었던 것이다.

　MZ세대에게 죄가 있다면 공정한 사회를 꿈꾼 것이고, 그들이 꿈꾸었던 '공정'은 촛불혁명 때 문재인 후보가 말했던 '공정한 나라'를 연상시켰다. MZ세대는 문재인 후보가 공약을 이행하지 않은 채 내로남불을 저지르고 있다고 판단할 수밖에 없었고, 그러한 자신들을 역사의식 부족한 철없는 젊은이 취급하는 기성세대에게 분노할 수밖에 없었다고 생각한다.

　안 지사와의 서신에서도 언급했지만, 나는 MZ세대가 가지고 있는 정의감을 특별하게 생각한다. 그들은 선진국 시민들의 의식을 이미 갖추고 있는 것이나 다름없다. '꼰대'들로부터의 비판, 정의감과 역사의식 없는 최악의 세대라는 비판, 특히 MZ남성들에게는 반페미니스트라는 비판까지 더해져 모욕적인 세대가 되어버린 MZ이지만, 나는 확신한다. 그들 또한, 586과는 다른 방식으로, 어쩜 586보다 더 진화된 방식으로 사회정의를 꿈꾸고 이를 위해 노력한다는 것을.

그리고, MZ세대에게는 역사를 배울 기회가 없었다. 어른들은 역사 공부를 권장하지 않았다. 수능 시험에서 국사가 선택과목화 되었고, 박근혜 정부가 교과서 개편을 추진하면서 여러 출판사에서 국사 교과서가 만들어졌는데, 이렇게 출판된 다수의 교과서들에서 광주 민주항쟁 등 주요한 사건들이 빠지거나 축소되었고, 많은 학교들이 다소 극우적 관점에서 쓰여진 교과서를 채택했다. 사회과학적. 인문학적 관점에서 역사를 공부하고 국가관. 역사관. 민족관을 세울 기회를 빼앗아버린 사람들은 다름 아닌 기성세대였다. 기성세대는 입시 룰에 따라 공부를 잘 해서 대학에 잘 가라고 MZ세대를 밀어붙였고, 대학 진학을 위한 공부에 역사의식이나 인문학적 훈련 따위는 요구되지 않았다.

MZ세대 중 그나마 인문학과 역사에 관심이 있는 문과생들은 페미니즘을 학습했고, 그들이 학습한 페미니즘이 미투 운동, 여성계의 활동과 깊은 관련을 맺으며 페미니즘 광풍은 가속화되었다. 또, 취업과 생존에 관해 고민하던 MZ남성들은 소위 '조국 사태'를 보며 '금수저'와 '흙수저'의 차이를 실감했고, 불공정한 사회 구조에 분노했다. 또, 보수정당이 아닌 진보정당에서, '양키 고 홈' 하고 '죽창가'를 부르던 진보정당에서 그러한 비위가 있었다는 사실로부터 위선에 대한 격한 분노를 느꼈을 것이다. 어떤 면에선 위선에 대한 분노는 거악에 대한 분노보다 강하다. 물론 상류층 자제들의 경우, 조국 장관에게 씌워졌던 혐의 내용과 유사한 방식대로 명문대에 들어온 경우도 많았을 것이다. 그들이 조국 사태를 비판한다면 그들은 위선자이다. 그러나, 대부분의 평범한 '흙수저' 또는 '똥수저' 학생들은, 분노할 자격이 있었다.

거시적인 관점에서 사회 현상을 분석할 때는 냉철해야 하지만, 개개인, 또는 특정 계층의 진정성에 관해서는 공감의 태도를 보이는 것이 옳다고 생각한다. 즉, 안희정과 조국에 대한 MZ세대의 분노 그리고, 위에서 비판했던 민주당의 잘못된 대처에 관한 내용은 언뜻 보면 모순되어 보이지만, 한 국가 안에 존재하는 서로 다른 층위의 현상일 뿐이다.

당시에는 '뉴 노멀 -신표준-'이라는 말이 세간을 떠돌고 있었다. 나는 그 말의 뜻을 학술적으로 이해할 수는 없었지만,

직관적으로 이해할 수는 있을 것 같았다.

페미니즘 진영과 586세대의 기묘한 관계

안 지사는 서신 중 위에 공개하지 않은 부분에서 이런 말을 했다.

"586이 비판받는 이유는 명확해 보입니다."

여기에 대해서 나는 할 말이 있다. 586세대와 페미니즘, 이 둘의 기묘한 유사성과 긴장관계에 대한 개인적 생각이다.

사실, 페미니즘에 접근 가능한 여성들은 '평범한 보통 여성'이 아니다. 엘리트 여성들이다. 그들은 미투를 빌미로 기존 엘리트 집단 중 특히 586[1]을 비판하지만, 실은 페미니스트들은 586세대

---

[1] 보수 정권도 엘리트 집단이기는 마찬가지이니, 페미니즘의 특별한 비판 대상이 되지 않는 보수 정권과 586은 구분된다. 기준을 세워 보자면, 보수 정권은 기득권 엘리트의 계보라면, 586 세대는 오직 '펜의 힘'으로 권력을 잡은 저항.엘리트 세력이자 그중 일부가 신기득권을 형성하는 집단일 것이다

가 가진 약점을 그대로, 어쩜 더 심하게 답습하고 있다.

 자신들이 선각자라는 인식, 그리고 대의-미투와 여성 구제-를 위해서라면 사소한 것 - 남성 역차별 문제, 무고사건 증가의 위험성, 자신의 신념을 타인에게 강요할 때 발생하는 보이지 않는 폭력성- 들을 무시하고 오히려 더욱 적극적으로 실행한다는 점이 닮았다.

 단, 586이 민주화 주도세력으로 떠오르던 시절에는 군부독재라는 거악이 명백하게 존재했으므로, 앞서 지적한 문제가 가려질 수 있었고, 필요 불가결하기도 했다. 또한 그 문제가 민주화 시대, 즉 평화시대를 맞아 수면 위로 드러나자 오히려 586세력들은 그들 중 가장 죄가 가벼운 자 또는 없는 자를 희생양 삼아 비겁한 생존을 도모했기에 현재는 국민들이 조국과 안희정, 박원순을 '진보 최대의 악'으로 오해하고 있는 상황이다.

 진보 진영을 사실상 생명력을 잃게 만든 이러한 모순적 구조는 이것대로 또 다른 연구가 필요할 것이다. 미투에 대한 민주당의 비겁한 대처와 진실, 그리고 역사적 정의감과는 거리가 먼 '무조건적 사과, 숙청, 파벌짓기 모드'가 페미니즘 광풍을 키우고 문제를 복잡하게 만들었기 때문에 자꾸 언급되는 것이겠지만, 진보진영이 처한 문제, 진보의 본질을 회복하는 문제는 페미니즘 광풍과는 별도로 고려되어야 하는 문제임이 사실이다.

여기에서 중요한 것은, 586세대와 페미니즘 집단이 같은 약점을 안고 있음에도 불구하고 586은, 군부독재라는 거악이 존재했다는 사실 때문에 조금이나마 변호 받을 수 있지만, 페미니스트 진영은 남성 전체를 거악으로 만듦으로써 투쟁 아닌 투쟁을 계속했다는 점에서 변호의 여지가 없다. 이러한 연유로 페미니스트들은 구세대적이면서 폭력적이기까지 한 세력이 되어버리고 말았다.

7

K-페미니즘과 미투 운동, 젠더 갈등에 대한 분석

결국 남성은 원하지 않아도 가해자가 된다는 것이다. 그리고, 성 역할 강요의 측면에서 같은 피해자라고 하더라도, 남성으로 태어나 여성을 지배할 '권리'를 학습했다는 원죄가 있다는 해석이다. 남성들은 이 원죄를 도대체 어떻게 갚을 수 있을까? 페미니스트들에게 '토 달지 않는' 방식으로?

대한민국에서 미투의 초상은 어떠한가

　미투 운동은 페미니즘 진영의, 페미니스트적 입장에서의 사회운동이다. 미투는 선과 악, 정의와 불의의 기준에 호소한 운동이 아니라, 그러한 가치를 페미니즘적 의미로 바꾸려고 했던 운동이다. 미투 운동은, 페미니즘 진영에서 출발하여, 그 진영이 사회적 보편성을 획득하고자 했던 헤게모니 투쟁이다. 앞서 비판했던 미투 사건들은 페미니스트들의 인정 투쟁에 가까웠다.

　그렇다고 해서 '진짜 미투'를 한 사람들의 진정성이 훼손되거나 그들의 용기가 폄하되어서는 절대로 안 되겠지만, 또한 모든 '미투 여성'들을 순수한 미투를 한 여성들의 연장선에 놓고 변호해줄 수도 없다. 그렇게 되면, 미투의 순수한 기치와, 이를 통해 발생한 좋은 가치까지 모두 페미니즘의 광기로 포섭되어 버리게 되기 때문이다.

안희정 미투 2심부터 본격적인 페미니즘 광풍이 시작되었다고 나는 분석하고 있다. 1심에서 안희정 지사가 승소하자, 페미니스트들은 '사법부가 유죄다'라며 저항에 나섰다. 지금은 마치 원래 있었던 단어처럼 익숙한 '성인지 감수성', '2차 가해', '피해자 중심주의', '위력' 등의 단어가 이 시점에 우리 사회에 본격적으로 등장했다. 당시 페미니스트들은, '위력이 존재했으나 행사되지 않았으므로 무죄'라는 1심 판결에 대하여 '위력은 존재함으로써 행사되고, 원고는 위력으로 인해 성적 자기결정권을 충분히 행사할 수 없는, 심리적 얼어붙음 상태에 있었으므로 피고는 유죄'라고 반박했다. 2심 재판부는 원심을 완전히 뒤집고, 공소사실 10개 중 9개를 유죄로 인정함으로써 페미니즘 진영의 손을 들어주었다.

당시 페미니즘 관련 논제는 다음과 같았다.

- "정신적 장애가 없는 성인을 상대로 폭행이나 협박 없이도 위력만으로 강간이 성립되는가?"
- "피해자 중심주의에 입각한다면, 피해를 호소한 것만으로도 피해자라고 부르는 것이 타당한가?"
- "피해자란 무엇인가? – 자신이 피해를 입었다고 주장하는 사람인가, 피해를 이미 입증한 사람인가?"
- "피해자라고 주장하는 '피해자'에 관해 피해 사실 또는 실체적 진실에 대한 의구심을 표현하는 것은 2차 가해인가?"
- "성인지 감수성에 따르면, 남성이 여성에게 하는 일상적 대화 중 여성이 성희롱이라고 느낀 것들은 모두 범죄인가?"
- "성인지 감수성과 피해자 중심주의를 적용한다면, 남성의 방어권은 어떤 방식으로 보장되어야 하는가?"
- "남성의 방어권을 보장하는 것과 피해자 중심주의를 적용하는 것은 양립 가능한가?"
- "피해자의 일관된 진술만으로 혐의가 입증될 수 있는가?"

이러한 논쟁들은 페미니즘 진영에서 주장한 '비동의 강간죄'와 '무고죄 폐지' 논란과도 합쳐져, 성 담론에 관한 총체적 혼란상으로 이어졌다. 만약 내가 남성이었다면, 나는 무고를 당하지 않기 위해서 몸캠 CCTV를 하나 차고 다녔을 것 같다는 생각도 해 보았다.

　내가 보기에, 위 논쟁들은 공허하다. 폭력의 세계에는 피해자와 가해자가 있을 뿐, 회색 지대는 없다. 그런데, 위 논쟁들은 완전한 가해라고도, 완전한 피해라고도 볼 수 없는 회색지대에 관한 논쟁들이다. 모든 재판에서 입증책임은 원고에게 있는 것은 당연하고, 만약 피해자가 증거를 확보하지 못했거나 심지어 일관된 진술을 하지 못하더라도, 수사 전문가들은 수사 경험과 직감을 통해 가해자와 피해자를 가려낼 수 있다. 그리고, 꼭 모든 피해자가 가해자가 처벌받기를 원하는 것도 아니며, 만약 가해자 처벌이 불가능할 경우에는 여성계 측에서 적극적으로 피해자 치료와 재활에 보다 힘쓸 수도 있다. 진정한 페미니즘이 할 일은 피해자 치유에 있지, 공허한 논쟁에 있지는 않다고 나는 생각한다.

　나는 위 논쟁들이 TV토론, 라디오 초대석, 포털 뉴스 지면

등에 자주 등장하는 것을 보면서, 실제로 성범죄 피해를 당한, 즉 '악'을 실제로 경험해본 이들이 더 불쌍해졌다. 오히려 그들이 구제받을 길이 더 멀어지고 있는 것 같았다. 왜냐하면, 위 논쟁들은 '진짜 피해자'들에게는 해당사항이 전혀 없는, 진짜 피해자를 놓고는 할 필요 자체가 없는 것들이었기 때문이다. 위 논쟁들이 사회에 페미니즘에 대한 반감을 일으키면서, 실제로 성범죄 피해를 입은 사람들까지도 색안경을 끼고 보게 되는 일이 생길까봐 걱정도 되었다. 그리고 왜, 페미니즘 진영이 위와 같은 허무한 논쟁들에 그토록 집착하는가에 대한 궁금증은 계속 커져갔다.

페미니즘 진영에 대한 또 다른 궁금증도 생겼다. 위 논쟁들이 미투 운동을 대표하게 된다면, 미투의 진정성이 훼손되는 셈인데, 왜 그 점에 대해 회의적 관점을 표현하지 않는지 궁금했다.

건전한 토론이 이루어지지 않는 사회에는 공격적이고 뭉뚱그려진 감정들만이 남아 춤을 추고 있었고, 이런 상황에서 사람들은 자신들의 혼란을 단 한마디로 정리해 줄 '사이다 발언'을 찾아다니다 파시스트의 조짐을 보이기도 했다. 물론 그 내용이 옳았다면 문제가 되지 않았겠지만, 예컨대 '성추행할 바에는 때리는 게 낫다'든지, '한녀'를 주어로 한 여러 가지 편견들이 양산되었다.

진실과 거짓 사이의 본질적 갈등이 무의미해지고, 가치 지향의 문제 －아니, 가치를 지향하는 것을 가장하는 악한 세력에 협력하느냐 마느냐의 문제－ 와 개인이 가진 도덕심의 정치적 향방, 선악 판단의 감성적 기준까지도 흔들리게 되었기 때문에 사회는 병들 수밖에 없었다. 이제는 자칭 '피해자'가, 피해자로 받아들여지기에는 상당히 무리한 존재성을 갖고 있다는 사실에 국민의 반 이상이 동의한다고 해도, 미투와 관련된 문제가 너무 복잡해졌기 때문에 아무도 건드릴 수 없는, 그래서 가해자로 지목된 남성들의 복권이 어려운 문제가 되어버렸다.

앞서 언급한 '가치 질서의 혼란과 파시즘'으로부터 나 역시 자유롭지 않았다. 이 책을 쓰고 있는 나 역시, 내가 언급하고 있는 미투 사건들의 실체적 진실을 모른다. 진실은 당사자들만이, 각자의 방식으로 알 것이다. 물론 나는 소위 '가해자'로 몰린 이들의 편에 서 있기도 하지만, 시간이 지나면 첨예했던 갈등은 지나갈 것이고, 개인들의 운명이야 어떻게 되든 역사의 냉정한 평가만이 기다릴 것이다. 그때가 오면 진실보다 더 중요한 것이 무엇인지 알게 될 것이다. 우리의 공동체 속에서 미투 사건들이 지니는 맥락, 또 그 사건들을 둘러싸고 왜 그러한 사회 현상들이 발생했고, 왜 언론은, 왜 사법부는, 왜 다수의 젊은 여성은…… 근거가 부족한 집단적 맹신에 사로잡혔었는가를 논해야 하는 시점이 올 것이다. 그때가 되면, 미투, 그리고 내가 계속 미투와 함께 언급하고 있는 조국 사태와 민주당 그리고 여론의 부조리한 분노는, 위선에 대한 오해로 이해될 수 있게 될 것 같다. 위선에 대해 분노했지만, 그 방향이 잘못된 분노를 바탕으로 나아감으로써 오히려 상황을 더 복잡하게 만들었다는 평가가 나올 것 같다.

페미니즘? K페미니즘! – 한국형 페미니즘과 젠더문제에 대하여 (죄인 취급받게 된 MZ세대 남성들)

어떤 이념이 뿌리를 내려서 사회를 변화시킬 때, 그 사회의 기존 통념들과 결합하면서 불합리한 결과를 내거나 본질에서 멀어진 사회적 사건들로 비화될 수도 있다는 것은, 모든 사회운동에 내재된 위험성이다. 그러나 운동의 주체들은 이를 곧잘 인정하려 들지 않으며, 오히려 그들이 신봉하는 이념의 훌륭함 또는 무결함으로써 자연스레 극복될 문제로 치부하여, 일반 대중과의 괴리를 더욱 키워나가는 결과를 낳기도 한다.

페미니즘이 우리나라에 들어온 것은 오래된 일이다. 페미니즘은 개화기 조선에 들어와 현재까지, 국가의 발전과 사회 변화에 따라 그 양상과 역할을 바꾸어 가며, 진보적 정치. 사회. 시민운동의 명실상부한 한 축을 형성해 왔다. 개화기는 물론이고 실제로 여성인권이 낮았던 시절, 페미니즘은 여성을 남성과 동등한 사회 구성원으로 만드는 중요한 역할을 했다. 그러다가 남녀의 권리 평등이 증진되고 나서 왜곡되기 시작했다. 메갈리아와 워마드가 생기고, 소위 '넷페미', '트페미'와 촛불 혁명 사이에 거대한 시너지가 발생하여, 현재 우리가 '페미니즘' 하면 떠올리는 바로 그 페미니즘, K-페미니즘이 우리 사회에 도래한 것이다.

K-페미니즘은 과도하고 비정상적인 방식으로 성역화 되어 있으며, 어떤 의미에서는 폭력을 근절하고 인권을 개선하겠다는 본질적 의미로부터는 멀어졌을 뿐 아니라 더욱 악화되고 난해한 양상으로 이 문제를 증폭시키고 있다. K-페미니즘이 우리 사회 전반에 걸쳐 만들어 놓은 부조리한 의식 구조와 미디어 환경, 이뿐 아니라 일반 대중들의 일상생활 정서까지 침범하여 만들어둔 일종의 새로운 문화는, 복잡한 실타래처럼 여러 가지 모순점들을 안고, 정치적 이해관계와 정파적 구도까지도 조종하는 지경에 이르다 못해, 사람들의 원초적 감정과 존엄성을 건드려 버렸고, 말초적 남녀 갈등을 일으키다가 현재에는 자연 소멸하는 태풍처럼, 퇴조 수순을 밟고 있다고 보인다.

문재인 정부 시절 유행하게 되었던 K- 라는 접두사에는 매우 다층적이고 미묘한 뜻이 내포되어 있다. 거기에는 고속발전을 통해 선진국화를 이루어낸 우리나라의 보편적 국민성이 녹아 있는 동시에 젊은 세대의 생기발랄하고 창의적인 감성이 녹아 있고, 마지막으로 마치 x세대처럼, 여러 문화 코드와 감수성의 경계를 넘나들며 현대 세계에서 한국만이 가질 수 있는 특유의 감성을 창조해내는 에너지 또한 녹아 있다. 결국 K-는, 한국이 아니고서는 설명할 수 없는 사회문화적 정서를 말한다. 주로 좋은 의미로 쓰이지만, 가치중립적으로 설명한다면 '한국만의' 모든 것, '한국이기에 가능한, 또는 한국인이기에 이해할 수 있는' 모든 것, 나쁜 쪽으로 설명한다면 '한국인만 이해할 수 있는 부조리'를 의미한다.

사실, 페미니즘은 남성들의 지지가 없었다면 광풍 같은 것은 꿈도 꾸지 못했을지 모른다. 초기 페미니즘, 아직 페미니즘이 K-페미니즘인지 몰랐을 때의 그 페미니즘에는 여성들의 지분만 있는 것도 아니다.

처음에는 남성들도 페미니즘에 적극적이었다. 그들이 그동안 이해가 부족했던 여성의 고충에 관심을 갖고, 이전보다 더욱 배려하는 태도를 가지려 세심하게 노력하는 모습을 보였다. 남성들이 페미니즘에 동조했던 것은, 어머니 세대에 대한 공감과 여성에 대한 보호본능, 사랑으로부터 동기가 부여되었기에 가능했다. 이는 남성에게 기대되는 고전적 남성 역할과 상통하는 동기이기도 했다. 그런데, 여성들은 남성들의 이러한 동기 자체를 '가부장제의 잔재'라며 부정하면서도 더 많은 보호와 특권을 원했고, 끝내는 남성성 자체를 모독하는 모순적 행태를 보여주었다. 페미니즘의 광기가 날이 갈수록 심해지고 무엇보다 남성들이 전혀 이해할 수 없는 방식으로 난해해지자, 남성들 역시 분노하기 시작했다.

페미니즘 광풍 이후, 특히 20대 남성은 황당하고 억울한 상황에 자주 몰리게 되었다. 남성들은 자신들도 모르는 사이에 여성혐오자라는 혐의를 썼고, 다음으로는 잠재적 가해자라는 혐의를 받았고, 그다음에는 강간 문화의 일원이자 남성 카르텔의 구성원이라는 치욕적 말도 들었다. 더 나아가서, 남성중심적 사회의 수혜자, 즉 '특권층'으로 몰리게 되었고, 이와 동시에 '도태 한남'이라는 호칭도 들어야 했다.

즉 남성들은 혜택만 받고 능력은 없는 거만한 무력자 취급을 당했으며, 페미니즘을 포기하지 않는 민주당에 대한 지지를 철회하자, '극우주의자', '반민주 세력' 취급까지 받게 되었다. 실제로 문재인 정부 출범 당시, 그때도 페미니즘이 '시대정신'으로 불리고 있었음에도 불구하고, 완전한 민주화에 대한 열망으로 연대하고 민주정부에 압도적 지지를 보낸 사람들 중에는 남성도 적지 않았는데 말이다.

남성들이 페미니즘에 문제를 느끼기 시작했을 때는 이미, 레디컬 페미니즘의 시각이 언론, 문화예술, 공공 행정, 사법의 영역까지 모두 침투하여 극복하기 어려워진 상태였다고 나는 판단하고 있다. 남성들은 '어쩔 수 없이' 여성들을 두려워하기 시작했고, 여성을 두려워하는 남성들의 모습으로부터 페미니스트들은 '피 맛'을 보았다. 그러면서도 그녀들은 도처에서 모순적 행태를 보였는데, 예컨대 남성들이 미투에 대한 방어책으로 가지고 온 '펜스 룰'은 또 다른 여성 억압이라든가 하는 식으로 어느 장단에 춤을 취야 할지 모르도록 만들었다. 그녀들의 모순이, 그녀들이 신봉하는 레디컬 페미니즘의 관점에서는 모두 같은 궤로 꿰어질 수 있다고 하더라도, 그녀들의 언동은 상대에 대한 배려가 거의 없다는 측면에서, 사회운동으로서의 자격이 없는 것이었다.

홍익대학교 남성 누드모델 몰카 사건에 대한 편파수사를 주장하며 열렸던 혜화역 집회에 여성가족부 장관이 참여한 사건이 2018년 있었고, 시위의 근거는 다음과 같았다. 남성이 몰카를 찍어 유포하고 판매 유통하는 일은 일상적인데도 경찰은 아무 대응을 하지 않았는데, 홍대 남성 누드모델 몰카를 찍은 범인이 여성이었다고 득달같이 체포한 것이 여성혐오라는 것이었다. 경찰은 소라넷 등 서버를 외국에 둔 음란물 사이트 수사의 어려움과 그럼에도 불구하고 계속되는 노력에 대해 설명했으나, 여성들은 설득당하지 않았다. 3차 집회에는 당시 여성가족부 정현백 장관이 방문해 논란이 되기도 했다. 이 시위는 강경 그 이상의 광기의 집회였다. "유좆무죄, 무좆유죄"를 구호로 내세웠고, 남성 누드모델 몰카 피의자 역시 워마드 회원이었다.

여기에서부터 수상함을 느꼈던 남성들은 곰탕집 사건 유죄 판결, '그냥 기분 나빠서' 신고했다는 무고 여성에 대한 솜방망이 처벌, 이선옥 작가에 의해 공론화되었던 곡성 무고사건 등을 보고 페미니즘에 심각한 문제의식을 느끼기 시작했다.

2022년 9월 14일 신당역 역사 내에서 스토커 남성의 흉기에 찔려 여성이 사망하는 참변이 일어났다. 지하철 한복판에서 흉악범의 계획범죄를 저지하지 못하고 꽃다운 목숨을 잃은 것에 대해 국가적 추모가 일었어야 마땅한, 큰 사건이었다.

그런데 남성들은, '신당역 살인 사건'에 대한 페미니스트들의 대응에서 역으로 두려움을 느꼈다. 신당역 추모 물결 중에는 '여성이 안전한 나라를 위하여', '안전한 퇴근길을 원합니다.', '왜 언제 어디서나 여성들은 두려움에 떨어야 하나요' 등의 말이 있었고, 이는 페미니즘이 여론전을 벌이며 모든 남성을 가해자로 일반화할 때 쓰던 워딩을 연상시켰기 때문이다. 게다가 남성들은, 페미니스트들이 이 사건을 자신들의 운동의 정당성을 확보하는 데에 효과적으로 사용할 것이라는 사실 또한 간파하고 있었다.

  신당역 사건을 단독으로 놓고 보았을 때도 그렇고, 일반적인 '진짜'성범죄에서는 여성이 남성에 비해 신체적 약자인 것이 당연하다. 그리고 실제로 여성 대상 성범죄가 남성 대상 성범죄보다 압도적으로 많은 것도 당연하다. 이 당연한 사실에 대하여, 페미니즘 광풍 이전에는 어쩜 여자들보다도 남자들이 더 분노하고, 여성을 지키려고 했었다. 만약 신당역 사건이 그런 배경에서 벌어졌었다면, 남성들 역시도 적극적 추모에 가담했을 것이다. 그러나 그 사건이 있기까지 페미니스트들이 여성 인권을, 아니 여성혐오와 성인지 감수성을 팔아 남성 전체를 매도하고 남성성 자체를 죄악시했던 기억들이 쌓여, 사건의 피해자는 연민하면서도 이에 대한 여성주의자들의 대처에 대해서는 피해자에 대한 연민만큼이나 깊은 회의감을 갖게 되었다. 도덕은 의무감으로부터 비롯되지만, 거기에는 반드시 건전하고 인본주의적인 감정이 뒷받침되어야 한다.

내가 남성들과 입장을 바꾸어 보아도, 신당역 사건을 똑바로 보기 어려웠을 것 같다. 오히려 내 머릿속에는 그런 말들이 떠올랐을 것 같다. 여가부 홍보자료 중 '내가 안전한 남성임을 설명해야 한다'는 파트, '나만 아니면 된다는 남성들에게' 등의 기사 제목들 말이다. '나만 아니면 된다는 남성들에게', '나는 아니라는 남성들에게'와 같은 기사 제목들은 익숙할 것이고, 실제로, 인문학자 타이틀을 한 교수들은 한남들의 이러한 반응 하나하나에 대해 논문을 쓰며 연구비를 타내고 강연도 했다. 국가의 세금이, 남성들도 벌어서 낸 세금이 그런 곳에 들어갔다.

이 사회에서 일어나는 폭력들이 나쁜 사람, 즉 개인의 도덕성이 문제지, 남성 여성의 생물학적 문제는 아니라는 지극히 상식적 주장은, 남성들의 비겁한 책임 회피 전략이자 페미니즘에 대한 백러시라고 치부되었다. 개인의 선악은 어떠한 문화적 배경에서도 존재해 왔다. 예컨대, 조선 시대에 선한 인품을 가진 시부는 과부가 된 며느리를 보쌈하여 재가시켰다. 나치 치하에서도, 어떤 희생자들은 자신을 희생해 가며 다른 사람들의 목숨을 구했다.

페미니스트들이 간과하고 있는 사실이 하나 있는 것 같다. 요즘의 남성들이 사회 이념이나 여성의 감정에 관심을 두기에는 그들의 삶이 너무 각박하고, 바쁘다는 것이다. 우선, 그들은 청춘에 군대를 다녀온다. 군대에서 그들은 페미니스트들이 천착하는 여성의 섬세한 감정들, 복잡한 여성적 언어들과는 완전히 동떨어진, 처자식에 대한 보호의 의무와 국가에 대한 충성을 매우 맹목적이고 폭력적인 방식으로 배우고 돌아온다. 그리고 요즘은 집값이 월급을 차곡차곡 모아서는 절대로 내집마련 할 수 없을 정도로 치솟고 있고, 결혼은 꿈도 못 꾸는 사람이 수두룩할 정도로 경제 상황도 어렵다. 옛날 어른들은 단칸방에서 신혼을 시작했다지만, 그것도 사회 분위기가 그러할 때의 이야기다.

남성들의 관심은, 그 남성이 어떤 일을 하든 '생존' 그리고

'나 아닌 누군가를 내 힘으로 먹여 살리기'에 있으며, 그런 남성들은 여성들이 들어가기조차 꺼리는, 소위 '아재 같거나 구질구질하게 생각하는' 사회의 풍경 – 예컨대 100년 된 순댓국집이나 정체를 알 수 없는 영세기업 사무실, 낙후된 동네 상가, 함바집 등 – 을 채운다.

맨 박스라는 말을 들어 봤을 것이다. 가부장제를 여성.남성에게 각각 분리된 성 역할을 강요하는 체제라고 할 때, 이러한 사회적 이데올로기는 여성뿐 아니라 남성에게도 비극이 될 수 있다. 즉, 남성도 가부장제의 피해자가 될 수 있다. 이러한 주장은 한때 여성학자들에 의해서도 받아들여졌었다. 그러나 페미니즘 광풍이 점점 극단주의적인 방향으로 치달으면서, '남성도 가부장제의 피해자'라는 논리에 대한 여성학자들의 논리는 다음과 같이 서서히 변해갔다.

"가부장제가 남과 여 모두에게 성 역할을 강요한 것은 맞다. 그러나 남성들에게는 지배자가 되기를 가르쳤고, 여성들에게는 피지배자가 되는 법을 가르쳤다. 남성들에게는 포식자성,

지배자로서의 덕목을 가르치고 여성들에게는 지배당하는. 노예, 부속품이 되는 법을 가르치므로, 결국 여성이 을이다. 남성은 갑이 되고 싶지 않아도 갑이 될 수 있지만, ‑떠먹여 주면서까지 갑이 되라고 가르치니 갑 흉내라도 낼 수 있지만‑, 여성은 갑이 될 가능성을 원천 차단당한 채 남성에 종속된 존재로 키워진다."

결국 남성은 원하지 않아도 가해자가 된다는 것이다. 그리고, 성 역할 강요의 측면에서 같은 피해자라고 하더라도, 남성으로 태어나 여성을 지배할 '권리'를 학습했다는 원죄가 있다는 해석이다. 남성들은 "이 원죄를 도대체 어떻게 갚을 수 있을까? 페미니스트들에게 '토 달지 않는' 방식으로?

장을 마치며, 유치원에서 자주 벌어지는 상황을 하나 예로 들어보려고 한다. 아이들 둘이 싸우고 있고, 선생님이 와서 "싸우지 말라" 뜯어말린다. 한 아이가 "재가 먼저 때렸다" 항변하고, 다른 아이는 '아니라'고 한다. 선생님은 전후 사정을 대충 들더니, 뻔한 싸움이라는 듯이 두 아이를 포옹시키고, 억지로 화해시킨다. 분명히 먼저 맞은 아이가 있는데 서로 싸운 게 되어버리니, 맞은 아이는 억울하다. 맞은 아이 입장에서는 선생님과 때린 아이가 둘 다 죽도록 밉다. 여기에서 '맞은 아이'가 20대 남성이라면, '때린 아이'는 페미니즘 광풍일 것이다. 이 유치원의 비유는, 페미니즘 문제뿐 아니라 다른 정치적 문제를 해결할 때도 유념해야 한다고 나는 생각한다.

20대 남성은 반페미니스트에서 시작해서 역사 인식 부족, 보수주의자 등 여러 가지 누명을 쓰고 결국, 무당층이 되거나 실제로 보수정당 지지자가 되었다. 어떤 싸움이든, '먼저 때린 사람'을 밝히는 일은 중요하다. 억울한 사람을 남기게 되면, 그 일은 앞으로 가도 가는 게 아닐 테니까.

8

엘리트의 원죄 - '현재형 진보'를 찾아서

'위선', '내로남불', '더듬어만진당'이라는 일종의 정치 구호가 민주당을 향했기에 MZ세대와 민주당의 괴리감이 돌이킬 수 없어 보일 만큼 커지게 되었던 측면도 있지만, 실은 기성세대와 MZ세대 사이의 보이지 않는 불화는 보수와 진보 진영을 크게 구별하지는 않는다. 책 서두에서 짚었듯, 젊은 사람들에게 정치인들은 '세 치 혀로 국민을 우롱하며 생업 전선에서 탈출한 양복쟁이들' 정도로 비추어질 뿐이다.

펜과 권력과 돈, 그리고 청년들

과거에는 펜을 잡은 사람이 권력을 가졌고, 권력을 가진 사람이 돈을 가졌다.

물론, 펜에도 종류가 있다. 강직한 펜이냐, 출세를 위한 펜이냐의 질적 차이는 과거 보수진영 즉 독재정권과 진보진영 즉 혁명가들을 가르는 척도이기도 했다. 그런데, 강직한 펜 그리고 개인의 영달을 위한 펜은 모두, 사법고시와 주요대학 인문학부라는 면에서 동일했다. 따라서 모든 정치인은 엘리트였고, 정치인이 된 모든 엘리트는 권력자 취급을 받아야 했다. 개중에는 실제로 나쁜 권력자도 있었고, 청렴결백한 정치인도 있었다. 탐욕스러운 정치인들은 그들이 잡은 펜과 권력을 사리사욕을 채우는 데에 사용했고, 청렴한 정치인들은 그들의 펜과 권력을 통하여 사회 정의를 실현하는 길에 더욱 가까이 가고자 했다.

　보수정당은 '탐욕스러운 엘리트', 진보정당은 '강직한 엘리트'라는 인식은 큰 틀에서 유지되어 왔다. 그러다가 소위 '조국 사태'와 '페미니즘 광풍'을 거치며, '위선', '내로남불', '더듬어만진당' 프레임이 생겨나게 되었고, 기존의 대중이 내적으로 받아들이고 있던 진보주의와 보수주의에 대한 구별이 희미해지면서 민주당은 진보주의 정당으로서의 위신을 잃고 말았다. 나는 이러한 현실이 개탄스럽다. 앞서 여러 번 짚었듯, 민주당은 조국 사태와 안희정. 박원순 미투 사건으로부터 검찰과 페미니스트 진영의 폭력성을 강력하게 규탄하고, 실제로 '위력'을 가진 자가 누구인지, '살아있는 권력'이 누구인지 명명백백하게 밝히며 그 어느 때보다 강력한 야당성을 드러냈어야 했다. 집권여당이 야당성을 드러내었다면, 국민들은 그것을 구시대로의 퇴행이 아니라 새로운 시대의 가치 기준이 정립되는 과정으로 보았을 것이다.

민주당을 바라보는 MZ세대의 시선을 한마디로 요약하면 '혐오'이다.

MZ세대가 바라보는 기성세대의 부정적 이미지는 보수정당보다 진보정당에 집중되어 있다. MZ세대는, 586세대가 자신들의 삶을 망쳐 놓았다고 생각하고 있다. 집값을 올리고 복지 예산을 퍼주고, 정의로운 척하면서도, 그들 586세대가 비판하는 보수 정치인보다 그들이 더욱 부패했다고 생각하고 있다. 청년들에게는 펜도, 돈도, 권력도, 그리고 그것들을 잡을 기회도 없기 때문이다. 그리고 민주당은 MZ세대의 이러한 여론에 무시로 일관하는 듯 보인다.

분명 우리는 무언가를 바꾸고 회복시켜야 한다. 나는 우리가 회복시켜야 할 대상이 진보주의라고 생각한다. 진보주의는 이념적 의미에서의 좌파가 아니다. 대한민국에서는 보수.진보, 좌파.우파, 좌익.우익, 공산주의자.사회주의자. 자유주의자.민주주의자 등의 용어가 정확한 정의 없이 혼용되어 쓰이는 경향이 있어 내가 말하는 진보주의에 대해 설명하는 것은 무척 어려운 일이다.

다만 확실한 것은, 오직 정치이념과 정책기조의 층위에서 보았을 때 민주당은 좌파 정당이 아니라 우파 또는 중도 우파 정당이다. 따라서 진보주의는 공산주의도 아니고 종북도 아니고 사회주의도 아니다. 대한민국에서의 진보주의는 단지, 군사독재에 항거해 원칙과 상식, 평등을 내세웠던 사상적 지도자들이 만들어둔 흐름의 유산일 뿐이다.

문재인 정부와 민주당은, 진보주의의 흐름을 지키지 못하고, 이를 페미니스트들과 조국 학살자들, 검찰에게 넘겨주어 버렸다. 여기에 더하여, MZ세대와의 소통에 실패하면서 현재 대한민국에서 진보주의는 없는 것이나 다름없게 되어버렸다.

'위선', '내로남불', '더듬어만진당' 이라는 일종의 정치 구호가 민주당을 향했기에 MZ세대와 민주당의 괴리감이 돌이킬 수 없어 보일 만큼 커지게 되었던 측면도 있지만, 실은 기성세대와 MZ세대 사이의 보이지 않는 불화는 보수와 진보 진영을 크게 구별하지는 않는다. 책 서두에서 짚었듯, 젊은 사람들에게 정치인들은 '세 치 혀로 국민을 우롱하며 생업 전선에서 탈출한 양복쟁이들' 정도로 비추어질 뿐이다.

그럼에도 불구하고 MZ세대에서 민주당에 대한 혐오가 더 강하게 작동하는 이유는, 민주당이 젊은 세대에게 촛불혁명을 통해, 한 번이라도 희망을 준 적이 있기 때문일 것이고, 그 이후 정당과 정권 자체가 레디컬 페미니즘의 화신과 같아지면서 커다란 실망을 안겼기 때문일 것이다. 또한, 한국의 진보주의가 민주화를 위해 걸어왔던 길이 실은 전쟁을 방불케 했는데도 불구하고, 마치 역사의 뒤안길에 있는 듯, 아주 옛날의 일들처럼 인식될 만큼 사회가 여러모로 많이 발전해서이기도 할 것이다.

여론은 조사를 통해 분석되는 것이고 공식적 여론은 공인된 조사 기관을 통해 발표되는 것이지만, 그 이전에 공기를 통해 느껴지는 것이다. 과거의 세대가 '구시대의 환영', '낡은 기득권' 정도로 인식되기는 하지만, 청년들은 나름대로 새로운 문화와 정서를 확보하며 새로운 세계질서 속에서의 길을 찾고 있다. 어쩜 페미니즘 운동도 그러한 길 중의 하나일 수도 있다고 생각했었다. 권력자들의 야욕과, 겉으로 드러나는 메시지 너머의 실체를 알기 전까지는 나도 모든 흐름을 긍정적으로 보고 있었다. 그 이유는, 어쨌든, 그 모습을 우리가 알든 모르든, 새 시대가 오는 소리라고 판단했기 때문이다.

지금은 사회 계층, 기존의 정치 세력, 새로운 정치 세력, MZ세대만의 새로운 진보적 색채, 해외에서 수입된 새로운 이론, 4차 산업혁명 등으로 매우 다채롭고도 혼란스러운 시기가 지나가는 중이라고 생각한다. 우리는 급변하는 세계 질서 속에서 새로운 사회 질서를 구축해나감에 있어 과도기적 현상을 겪고 있다고 나는 판단한다. 그러나, 아니 그렇기에 더욱, 그 자유로운 움직임에 편승하여, 한편으로는 그러한 움직임을 방관하며, 자신들의 야욕을 채우려고 하는 말 그대로의 '나쁘고 낡은 권력들'의 실체를 폭로하고 몰아내는 것이 절실하다고 생각한다. 그래서 새로운 가치 기준을 세우고 이에 대한 사회적 합의가 이루어지는 지점까지 가야 한다고 본다.

새로운 진보주의는
가능한가

이 책은 페미니즘 비판을 주축으로 쓰여졌다. 페미니즘은 지난 4-5년간 우리 사회의 정체성과 문화를 공기처럼 지배해온 기류였고, 그만큼 거기에는 여러 세력들의 이해관계와 권력, 그리고 익명의 대중들 각각이 지닌 시대 감수성이 녹아 있을 것이다. 내가 주목한 몇 개의 사건들을 통해 나는 이 사회에 새로운 인간주의를 제안하고 싶다.

사실 '새로운 인간주의'라는 말은 모순이다. 인간주의는 변하지 않는 보편적 가치이다. 인간주의는 논리적으로 입증되는 가치가 아니라 느껴지는 가치이다. 다만, 시대 상황에 따라 오해되거나 잘못된 방향으로 결론지어질 – 즉, 전혀 인간주의적이지 않은 사건 또는 사람이 인간주의적이라고 결론지어질 – 따름이다. 각 시대마다 가치 기준이 세워지겠지만, 그 기준이 올바르다면 시대가 바뀐다고 하더라도 보편적 인간주의는 바뀔 수 없는 것이다.

내가 제안하고 싶은 인간주의의 요체는 앞서 설명했던 '진보주의'의 현재적 형태를 창조해야 한다는 요청이기도 하다.

새로운 시대는 아직 조짐만 드러내고 있을 뿐, 실체를 드러내지는 않았다. 그러나 여전히 우리는 삶의 많은 부분을 과거의 구조에 의존하고 있고, 따라서 무조건적으로 미래를 향해 나아가고 새로운 이념. 가치관들을 받아들이기보다, 과거를 유심히 돌아보고 가치의 기준을 다시 세워야 한다고 생각한다. 너무 빨리 변하는 세상, 그 속도를 이기지 못하고 왜곡되는 사회 분위기와 연민을 잃어가는 인간성, 희미해지는 옳고 그름의 기준 등에 대한 성찰이 나로 하여금 이 책을 쓰게 만들었다.

과거 우리는 사농공상의 위계질서가 그대로 남아 있는 시대에 살았던 것 같다. 엘리트를 존경하고, 반대로 대다수 사람들의 생생인 소시민성을 은연중에라도 범속하고 잡스러운 것으로 폄하하는 세상을 살았다. 그러한 분위기가 있다 보니, 정작 윗 계급의 사람들은 그들을 '노블레스 오블리주'의 관점에서 존중한다고 하더라도, 사회는 소시민들로 하여금 스스로를 폄하하게 하고 스스로 비굴해지게 했다. 양반과 상놈 중 상놈에 해당되는 그런 사람으로, 사회 안에서 자신의 범주를 설정하고 자신의 사회적 얼굴을 만들어나가는 그런 세상에서 소시민들은 살았고, 아이들을 키웠다.

과거에는 사회 구조 자체가 그렇게 되어 있었다. 성별이나 계층, 학력이 결코 뛰어넘을 수 없는 수직적 벽처럼 사람들을 경계짓고, 사회를 질서짓고 있었다. 과거에는 공부를 잘하면 출세는 확정된 것이나 다름없었고, 공부를 잘하는 사람은 공부를 못 하는 사람과는 다른 신분을 타고 태어난 사람처럼 대우받았다. 우리나라의 학구열이 비정상적으로 높았던 것도, 공부를 잘해야 출세한다는 강박 때문이었을 것이다. 아마, 소위 '베이비 붐 세대'도, 우리나라가 이렇게 빨리 변할 줄은 몰랐을 것이다.

현재, 많은 사람들이 분노하고 있는 '법 양아치'들이 이끄는 사회, 과거의 엘리트들이 여·야 정치권에 포진해 있는 현재의 상황은, 독재정권 하에서 시행되었던 군대의 축소판과 같은 학교 교육, 비정한 경쟁 논리와 엘리트 숭배, 순수한 가치에 대한 동경과, 이와는 정 반대 지점에 위치하는 천민 자본주의가 기괴하게 결합된 구시대의 무질서한 망령들을 그대로 보여준다.

4차 산업혁명 시대인 지금으로서는 상상하기 어려울 수 있지만, 과거의 대한민국은 매우 획일적이고 억압적인, 상층계급에 대한 하층계급의 철저한 분리 그리고 후자의, 전자에 대한 비굴한 복종이 일반화된 사회였다. 그러한 사회 배경 속에서 민주화의 흐름이 태동했고, 그것은 군부독재 저항 운동에서 시작해서 하나의 시대정신으로 자리매김했다. 민주화 세력은 빨갱이이자 반역자나 다름없는 탄압을 받았지만 그럼에도 불구하고 그들이 존경받을 수 있었던 이유는 역설적이게도 그들이 '지성의 전당'인 대학을 점유한 엘리트들이었기 때문이었다. 그들에게는 펜이 있었고, 열정이 있었고, 조직이 있었다.

그들은 민주당의 상징이자 모든 민주당원들의 우상으로 여겨진다. 그러한 의미에서 김대중과 노무현은 – 특히 노무현은 – 진보의 상징처럼 여겨지지만, 실은 예외적 인물들이었다.

그들은 그러한 운명을 타고난 사나이들이었을 뿐, 어떤 계파나 소속 집단에 구속될 만한 사람들이 아니었다. 다만 그들을 위시한 '관료'들이, 오히려 그들보다 더 공고한 뿌리, 더 현실적인 권력을 갖고 현재까지 살아남아 진보를 모독하고 있다고 나는 생각한다. 그러한 부류 중 대표적인 이들이 현재 활동 중인 페미니스트들이고, 그들은 페미니즘 구호 뒤에 감춰놓은 그들만의 조용한 밀실에서 잘 먹고 잘 살기를 택할 게 아니라, 그들이 공격적으로 벌인 일에 대한 사회적 책임을 필히 져야 한다고 말하고 싶다.

나는 어떻게 진보주의자가 되었는가

나는 민주당 지지자가 아니지만, 진보주의자이다. 여기에서 말하는 진보주의는 좌익 이념이나 좌파 정치를 의미하는 것이 아니다. 대한민국에서의 보수와 진보의 구별은, 좌익 이념과 우익 이념의 대결이라기보다는 거대 양당 – 민주당과 국민의 힘 - 의 대결이라고 나는 생각한다. 이념적 지향으로만 따진다면, 민주당은 보수당에 가깝다. 다른 나라의 사회주의 정당의 정치색과 민주당의 정치색을 비교한다면 민주당은 우파 정당이다. 다만, 해방 이후 우리나라의 친일청산 문제, 한국전쟁, 이후 민주화 운동 등이 혼선을 보이는 가운데 독재가 들어서는 특이한 환경이 되었다. 독재와 고속 발전 속에서 원칙과 상식, 평등이라는 슬로건과 광주 민주항쟁의 진실을 필두로 일어선 세력이 진보로, 안보와 친일.친미, 경제 발전과 기존 체제 유지를 주장하던 세력이 보수라고 불리게 되었을 뿐이다.

물론 우리나라에도 사회당 등 진짜 좌파 정당도 있었고 종북 세력도 있었지만, 그들이 힘을 가졌던 적은 없다. 대한민국의 진보주의는 종북이 아니라, 인권을 주장하던 사람들에 의해 시작되었다. 어쩌면, 그들은 보수가 이루어낸 고속 성장에 빚을 지고 있을 수도 있다. 일단 사회가 발전해야 인권을 논할 수 있으니까. 어쨌든, 보수와 진보의 불편한 공생 관계 속에서, 보수는 점점 타락해가기 시작했다고 나는 생각한다. 그리고 진보는 김대중과 노무현이라는 걸출한 정치가를 배출하며 사회를 이끌었다. 나는 김대중, 노무현 정신을 사랑한다는 바로 그 면에서 진보주의자이다. 좌파도, 좌익도, 종북도, 민주당의 지지자도, 문재인의 지지자도 아닌, 그냥 진보주의자이다. 정치 이슈, 특히 특정 정치인의 사소한 발언으로 벌어지는 계파 갈등에는 관심이 없는 편이다.

내가 진보주의자가 된 데에는 집안의 영향이 크다. 나의 아버지는 내가 아기였을 때에도 고시생이었을 만큼, 사법고시 장수생이었다. 할아버지는 박정희 정권 시절의 '유신 판사'셨고, 당신의 아들인 아버지도 법조인으로 만들고 싶어 하셨다.

아버지는 중학교, 고등학교 시절 수재였으나, 사법고시와 같이 야망과 정력을 필요로 하는 시험에는 별 흥미가 없었다. 그러나 아들로서의 책임감으로, 15년간이나 고시 공부를 했으나 모두 낙방했다. 내 돌잔치 사진 속의 아버지는 정신적 스트레스와 육체적 소모로 인해 아프리카 난민처럼 깡말라 있다.

할아버지의 자녀였던 아버지와 큰아버지, 고모들이 그리 사회적으로 성공한 삶을 살지는 않았지만, 나의 집안은 소위 '인

싸' 집안, 즉 대한민국 의 주류적 위치에서, 조감 시점으로 세상을 보는 어른들에 의해 운영되었다.

나는 내 또래의 다른 아이들과는 다른 신분을 타고난 사람처럼 대우받으며 자랐던 것 같다. 집안에 드나들던 어른들이며 기사 아저씨, 어디에서 누구를 만나든 사람들은 고급 옷을 입고 단정하게 머리를 빗은 나를 '귀하게' 여겼다. 그러나 나는 그러한 대우를 받는 것이 싫었다. 싫었다기보다 슬펐다.

나는 내가 왜 달라야 하는지 이해할 수 없었고, 그러면서도 내 마음속에서 나도 모르게 피어오르는 약간의 거만함을 스스로 발견하게 되면 반대로 우울해지기도 했다. 나를 감싼 드레스, 내가 원하면 얻을 수 있는 귀한 것들, 넘치고 넘쳐 내 키보다 더 큰 간식 봉투, 비싼 도자기와 어른들이 들고 있는 명품들이 모두 나를 견딜 수 없이 슬프게 했다. 그 슬픔은 명치께로 육박해오며 나를 마비시키곤 했다. 그 슬픔 중 하나는 아마 내가 집안에서는 아이라면 응당 받아야 할 사랑을 받지 못했기 때문이기도 할 것이다.

결국 아버지는 법관이 되지 못했고, 할머니는 판사 은퇴한 할아버지가 법무법인을 시작하며 변호사로서 수입을 올리자, 땅 매매를 시작했다. 그러나 IMF가 터졌고, 그때 가족들이 지분 투자하여 지은 빌딩이 부도를 맞으면서 우리 집은 차차 빚더미에 앉게 되었다. 빚이 빚을 낳는 지난한 과정 끝에 내 아버지는 결국, 3금융권에도 손을 대게 되었다. 할머니는 아버지에게 연대보증을 세웠고, 빚이 눈덩이처럼 불어나는데도 투기를 멈추지 못했다.

내가 고등학생이 되던 즈음, 우리 집은 완전히 망하게 되었다. 집안이 망했을 때, 나는 비로소 나의 죄가 씻겨나갔다는 생각을 하게 되었다. 아무런 자격 없이 공주처럼 대우받았던 죄, 따뜻한 집과 흰 쌀밥이 당연한 줄 알고 살아왔던 죄, 특목중학교에서 매끼 도시락까지 싸 다니면서 예체능을 공부한 죄······ 나는 그 모든 죄들이 다 씻겨 내려가는 기분이 들었다. 그때, 일부 친척들은 사이비 종교에 빠져 있었는데, 나는 왜인지, 사이비 종교에 빠진 폭군 친척을 용서해 주자며, 아버지에게 사정하며 울었다.

나의 아버지는 나와 산책을 자주 했다. 큰 호수가 있는 공원을 매일 한 바퀴씩 돌며, 집안이 망해 가는 과정과 아버지의 과거 꿈, 인생에 관한 여러 생각들, 몽상들을 말해 주었다. 그 과정에서, 아버지는 정치에 대한 자신의 생각도 솔직하게 말해 주었다.

아버지는 보수적 집안에서 자라, 너무 뒤늦게 사회생활을 시작한 것을 후회하고 있었으며, 조금만 일찍 사회에 나왔다면, 또는 사법고시에 합격해 법관이 되었다면 사회정의에 조금이라도 기여하고 있지 않을까 하는 후회를 갖고 있었다. 여기서 말하는 사회정의는, 이 책을 관통하고 있는 '진보주의적' 정의와도 통할 것이다. 나의 아버지는 김대중과 노무현 정신을 소중하게 생각하고, 원칙과 상식이 통하는 세상, 공정한 세상, 인간다운 세상을 누구보다 바라는, 그러나 그러한 세상을 위해 기여할 능력은 아직 갖추지 못한 꿈 많은 진보 시민이다.

아버지와 함께 산책을 하던 때는 이명박, 박근혜 정부 시절이었다. 뉴스를 보며 분노하는 아버지의 모습을 통해, 나는 자연스럽게 진보주의자가 되었다. 나의 아버지는 편견 없는 사람이었다. 그런데도 아버지는 김대중이 나쁜 사람인 줄 알고 자랐다고 했다. 그리고, 노무현과 이회창이 경합을 벌일 때도 할아버지의 후배인 이회창에게 투표할 만큼, 정치에 큰 관심이 없는, 당신의 집안이라는 가장 가까운 권력에 더 충직한 인물이었다. 노무현 대통령이 당선되었을 때도 아버지는 별 감흥이 없었다고 한다.

그런데, 아버지의 주변 사람들이 이상할 정도로 노무현을 혐오했다고 한다. 아버지는 그들에게 노무현을 욕하는 이유를 물었지만, 무조건 '노무현은 빨갱이다' '그가 대통령을 하면 나라를 말아먹는다' '북한에 갖다 바친다' 정도의 답이 돌아왔고, '너도 노빠냐?'라고 대뜸 묻기도 했다고 했다. 바로 그때부터 내 아버지는, 우리 나라의 보수 진보 간의 기울어진 운동장에 관심을 갖게 되었다고 한다. 상식은 어떤 환경에서나 그 참모습을 드러낸다는 사실을, 나는 아버지를 통해 배울 수 있었다.

내가 보다 진지한 '역사 의식'을 갖게 된 것은 그 이후의 일이었다. 할아버지가 '유신 판사'이자, 사법 살인에 -의도했든 의도치 않았든- 가담했다는 사실을 알게 되자, 어릴 적 명치께로 육박해오던 슬픔의 본질적인 정체를 비로소 알게 되었다. 나는 내 할아버지의 인격을 비난할 생각은 추호도 없고, 실제로 할아버지께서는 여러모로 존경할 만한 분이었다. 그러나, 나의 슬픔은 또 다른 문제였다. 명치께를 찔러오던 그 슬픔은, 할아버지의 인격과 무관하게, 거시적 관점에서 불의한 기득권의 상층에서 내가, 그것을 누릴 자격이 없는 내가, 누리고 있는 특권에 대한 애탄의 마음이었던 것이었다.

과거 우리 집에는 나름의 철학과 세계관이 있었다. 그것은 귀와 천에 대한 세계관, 문화에 대한 심미안, 국가 운영의 철학, 민족관 등이었다. 나는 그것의 성격이 어떠하든 내 어린 시절의 일부로서 인정할 수밖에 없다, 우리 집안은 말하자면 품격과 품위를 갖춘 집안이었다. 그러나, 그 품격 있는 집안이 올바르지 않은 독재적 체제를 기반으로 서 있다면, 그 품격은 비극적이라는 생각이 들었다. 나의 할아버지는, 비유하자면 독일의 전설적 사진가 레니 리펜슈탈 같은 운명의 소유자였다. 리펜슈탈은 사진 미학에 깊은 통찰과 대단한 감각을 가진 사진가였으나, 당시 기계문명의 아름다움과 시대의 풍경을 오직 '아름다움'을 추구하기 위해 찍었다는 이유로, '결과론적인' 나치 부역자가 된 인물이었다.

아버지는 나에게, 집안의 그늘에 가려 꾸지 못했던 당신의 꿈에 대하여 말해주었다. 아버지는 권력으로부터 자유로운 삶을 살고 싶어 했다. 아버지에게는 가정 자체가 거대한 권력이었다. 아버지는 차라리, 사막 한가운데서 태어나 별을 보며 자랐다면 행복한 사람이 되었을, 야망도 욕망도, 세속에 대한 집착도 없는 사람이었다. 그러면서도 아버지는 인류에 대한 복지와 병자 치료, 국제구호 등에 관심이 많았다. 아버지는 천문학자가 되고 싶었고, 한의사가 되고 싶었고, 유엔 공무원도 되고 싶었다. 아버지는 만약 돈이 많다면, 산을 하나 사서 희귀 약초를 재배하고 싶다고 하였다. 또 만약 돈도 있고 능력도 있다면, 침술사, 뜸사 수련을 받고 싶어 했다. 나는 아버지의 그러한 꿈을 보고, 전통문화와 현대 문명 사이의 깊은 단절을 겪은 한국의 현실을 언뜻 떠올려 보기도 했다. 아버지에게는 그 모든 꿈을 실현할 능력이, 수재로 불렸던 아버지에게는 어쩜 있었다. 그러나 아버지는 자신의 모든 꿈보다 나를 더 아꼈다.

나의 집안은 고전적 풍모를 갖고 있었으면서도, 그러한 집안이 존재하기 위해서는 악에 동참할 필요를 요구하는 시대를 슬픔으로 견디다 무너졌다.

MZ세대와 진보주의

아버지의 영향과 조부모 대의 경험을 통해 나는 중학생 때부터 이명박 정권의 비리에 관심을 가졌고, 아버지가 운전하는 차를 타고 다니며 '돌발영상', '최양락 전영미의 재밌는 라디오' 등을 시청했다. 그렇게 나는, 집안사의 폭풍 속에서도 아버지와 단 둘이, 단단한 진보주의자로 자라났다. 나는 모든 사람이 나와 같은 정치색을 갖고 있을 것이라고 생각했다.

그런데 성인이 되고서 주변을 둘러보자, 정치에 관심을 둔 사람 자체가 별로 없었고, 대체로 보수 정권을 지지하고 있었다. 그들은 그렇게 하는 것이 중립적이며 합리적인 길이라고 믿고 있었다. 그들은 정치적 회색분자를 자처하며 모범 시민으로 생활했다. '그냥 내 할 일 열심히 하면 된다'는 식의, 무심하면서도 책임감 있는 태도는, 주체성과 수동성이 혼합된 기묘한 분위기를 자아냈다. 젠더 갈등이 가장 격화되었던 시기, 국민의 힘 이준석 대표가 신지예 후보와의 토론에서 페미니즘 대항마 슬로건으로 주장했던 '능력주의'와도 묘한 접점을 형성하고 있다. 이준석 대표는 청년 문화를 읽었던 것이고, 신지예 대표는 페미니즘과 진보주의의 교조주의에 빠져, 자신보다는 훨씬 더, 적어도 정치공학적 계산 측면에서는 현명한 정치인인 이준석을, 자신이 세운 명분과 가장된 선의로 제압하려고 했던 것이라고 나는 판단하고 있다.

성인이 되고 보니, 내가 속한 세대는 현대사로부터도 민주화 투쟁으로부터도 먼, 우리 역사를 전혀 실감하지 못하는 세대였다. 그랬기에 이 세대는 어느 세대보다 합리성과 공평한 세상을 갈망하면서도, 세대의 정치적 정체성은 없이, 정치인들의 메시지 하나하나에 흔들리며 거대한 중도층으로 자리잡았고, 촛불혁명 흐름에서는 다들 진보주의자의 가치관을 흡수했다가, 그 혁명으로 탄생한 정부가 페미니즘 광풍에 휩쓸리자, 보수진영의 메시지를 스펀지처럼 흡수하여 MZ세대만의 정서를 만들게 되었다.

지금 청년들의 여론은 윤석열에 딱히 비호감이지 않다. 반면 이재명이 나라를 망하게 할 거라고 생각하는 청년들은 의외로 많이 있다. 그 이유는 간단하다. 진보주의적 흐름, 진보의 맥이 그만큼 국민과 괴리된, 낯선 것이 되었기 때문이다. 청년은 진보를 모르고, 낯설어한다. 그들이 찾는 합리성은 통시적 관점에서 권력 구조에 대한 성찰과 국가에 대한 피부로 느끼는 감각이 아니라, 공시적인 지평에서 그때그때의 정치 구호에^(나쁘게 말하면 말꼬리) 찬성하거나 반박하는 방식으로 실현되는 것 같다. 그들은 뜨거운 심장으로 분노하기보다 차가운 머리로 비판하고, 모순을 꼬집는다. 그들은 세상을 보수와 진보가 아니라 기성세대와 신진세대로 나누어 보고, 고성장시대의 에너지와 야망보다, 저성장시대의 시니컬한 태도, 먹고 살기 각박한 시절의 팍팍함과 약간의 문화 혼종적, 세기말적 향락의 정서도 더해져 있는 독특한 문화와 세계관을 가지고 있어, 기성세대의 관점에서 분석하기도 어려우며, 한 마디로 정의하기도 어렵다.

확실한 것은, 그들은 모든 거대서사와 민족주의, 정치적 슬로건들을 허망하게 생각한다는 것이다. 또 하나 확실한 것은, 그들은 기성세대에 대한 억하심정과 원망에 시달리고 있다는 것이다. 그렇기 때문에 그들은 페미니즘 광풍에 누구보다 비판적인 듯 보이면서도, 페미니스트들이 진보진영 리더들에 대해, 그리고 진보진영의 민족주의적 계보에 대해서 모독하는 언사들에 대해서는, 그것이 매우 극단적이더라도 별 거부감 없이 받아들였던 것이다. 기성세대, 특히 엘리트 그룹. 민주화 세대는 민주 정부의 요인들을 결코 '기득권'이나 '국가 권력'으로 치부하지 않았지만, 청년 세대에게는 윤석열이나 이재명이나, 박근혜나 문재인이나 똑같은 '기득권'으로 보였던 것이다.

페미니스트들이 독립운동가들에 대해서 했던 '망언'들은 청년 남성들에게 의외로 설득력을 발휘했다. 예를 들어, 페미니스트들은 독립운동가들에 대해 '사내로서 큰일 한다고 유행처럼, 취미처럼 허세로 독립운동하고, 집안에서는 가부장적이었다.' 등의 평가절하 발언들을 했던 바 있는데, 청년세대는 각자만의 방식대로, 그러나 어느 정도 공통된 분위기로, 독립운동에 대해서도, 항일 정서에 대해서도 회의주의적 관점을 취하고 있었다. 청년세대의 여론에 내재된 감정의 결은 기성세대와의 접점을 거의 갖지 않는다. 누군가는 '현재 대한민국에서는 부모 세대와 자식 세대가 다른 국가에 산다'고 말했는데, 나는 그 말을 정말 진실이라고 생각한다.

모든 사람에게는 양심이 있다

올바른 세상은 하의상달(下意上達)이어야 한다. 이 생소한 한자어가 감동을 선사했던 대하사극 상도(商道)에서, 북방의 보잘것없는 상단 만상(灣商)이 개성 토호 송상(宋商)을 넘어서 조선 최고의 상단이 된 이유는 민주적 운영과 지도자의 관용 덕분이다.

좋은 세상에서, 나는 미물이 아니다. 내가 하루하루 밥을 먹고 씻고 생각하고 사람들과 만나 눈빛을 나누는 데 쓰이는 모든 에너지는 사장되면 안 된다. 작은 빛의 가루들은 세상에 던져져야 한다. 나의 시공간은 억압되지 않는 약동이어야 하며, 원래대로라면 내가 품은 뜻이 작은 입자들처럼, 세상이라는 투명한 우주에서 맘껏 유영해야 한다. 그런데 왜 그렇게 폭력적인 세상에서, 우리는 살아온 것일까?

진보진영의 혁명가들은 상식을 몸으로 증명해낸 사람들이다. 그들은 이미 짜여진 판에 끼어들지도 않았고, 이해관계에 맞추어 자신의 본질을 재설정하는 부류의 사람들도 아니다. 이들은 논리가 아니라 심장으로 승부한 사람들이다. 나는 그게 진정성이라고 본다.

진정성이 이끄는 삶에는 플랜 B가 없다. 필연밖에 없다. 변명도 불가능하고, 실패와 희생은 산더미 같다. 그런데 퇴로는 없다. 퇴로가 있어서도 안 된다. 억울하지만 억울할 수가 없다. 그래서 그들은 오해받으면서도 도전하는 사람들이었다. 그건 이성에 의한 행위가 아니었고 열정과 직관에 의한 행위였다. 이들은 세상에 부적응했으므로 세상을 움직였다. 당신들이 움직여 놓은 세상이, 당신들을 추종하며 과실을 따 먹고, 다시 당신들로부터 분리된 거대한 제도가 되어 덮쳐왔을 때 당신들은 마침내 죽었다. 당신들은, 당신들의 변형된 분신(分身) 앞에서 사운(死運)을 맞았다. 우리가 그들의 동지라면, 세상은 우리를 속인다. 속지 않고자 하는 자는 죽는다. 속지 않고도 죽지 않는 삶은 극기 훈련에 가깝다.

민주당을 중심으로, 정확하게는 민주당 정치인들의 말을 중심으로, 더 정확하게는 민주당이든 어디든 진정으로 속할 수 없었던 고독한 리더 노무현의 정신을 말로 옮기는 자들의 입에 의해서, 우리는 언제 어디서든 불의에 대해 분노하였다. 다만, 우리는 지난하게 분노했지만 정확하게 분노했던 적은 거의 없다고 나는 생각한다. 적확한 지점에 대하여 분노했던 사람들,

정말 정확한 지점을 분노의 칼로 찔렀던 사람들은 동지들의 칼에 맞아, 혹은 동지들의 방관 앞에서 죽어 나갔기 때문이다. 우리는 뒤늦게 분노하고, 처절하게 추모하는 민중이었다. 하지만 그럼에도 불구하고, 대한민국의 민주화를 이끌어온 것은 자발적 시민혁명의 불길이었다.

대중은 어떻게 바른 길을 걸어올 수 있었을까? 아무도 알려주지 않았는데. 아무도 진실을 보라고 하지 않았고, 진실 아닌 것을 진실이라고 했으며, 진실을 보려고 하는 자에게는 고통이 따랐는데. 그래도 우리가 옳은 방향을 잃지 않았던 이유는 양심이 있었기 때문이라고 나는 생각한다. 양심 하면, 길에 담배꽁초를 투기하지 않는다든가, 분실물을 경찰서에 가져다 주는 시민의 모습 정도를 떠올리게도 된다. 그러나, 양심은 그보다 더 깊은 의미를 품고 있다.

사람은 어떤 억압적 상황에 처하더라도, 그들에게 주입되는 언어들과 그들을 속박하는 -마치 영원처럼 속박하는- 제도 너머의 것을 판단할 능력이 있다. 그 어떤 열악한 상황에서도, 정상적 인간이라면 타인의 감정을 직관적으로 읽어내는 능력을 빼앗기지는 않는다. 인간성의 마지막 보루와 같은 그 능력은, 진실을 밝히는 척도가 되기도 한다. 그것은 직감과 직관, 영성과 양심이 함께 활동하는, 살아 있는 기적이다. 이러한 의미에서의 심오한 양심은 모든 비인간적인 것으로부터 탈주하도록 명령하는, 우리 안에 있는 생명철학이다. 양심은 신이 부여한 원초적 선의 최후의 보루가 된다. 건전한 직관과 함께하는 양심은 누가 뭐라고 해도 우리의 것이었다. 혁명가들의 죽음은 '건전한 직관'의 소유자들에 대한 권력자들의 혐오로부터 비롯된 것이다. 그 사람들이 살아있었다면 대한민국은 지금보다 훨씬 더 정의로웠을 것이며, 정서적으로 풍요롭고 발전적이었을 것이라고 나는 생각한다.

9

초기 미투의
작은 영웅들을 추억하며–
서지현 검사와
이윤택 고발자들

미투의 목적 중 하나가 가해자로 지목된 사람에게 벌을 주는 것이라고 할 때, 서지현 검사의 미투는 안희정 지사와 박원순 시장 비서의 미투와 달리 완전히 실패했다. 서지현 검사를 성추행했으며, 서 검사의 항의 후 조직적 인사 보복을 한 행위로 재판을 받은 안태근 검사장이, 유죄를 선고 받았던 1,2심과는 달리 대법원이 사건을 돌려보내면서 이후 검찰의 재상고 포기로 무죄를 선고받았기 때문이다. 서지현 검사의 미투에는 여성계의 조력이 없었다. 성인지 감수성도 없었고, 피해자 중심주의도 없었다.

진정한 의미의 미투는 무엇인가

당연히 나는 모든 미투를 비판하지는 않는다. 미투에는 순수한 미투가 있고 조작된 미투가 있다. 조작된 미투는, 자신들의 부도덕함을 가리고 정당성을 획득하고자, 자신들이 순수한 미투의 연장선으로 보이도록 프레임을 짠다. 그들은 아직도, 순수한 미투에 의존하며 깨끗한 척을 하고 있다.

비록 이 책이 권력형 페미니즘의 횡포를 비판하고 있고, 그 논조에 따라 인간성 상실과 퇴행하는 사회를 비판하는 책이지만, 이는 이 책의 궁극적 목표보다는 외연적 목표에 가깝다. 이 책의 보다 궁극적인 목적은 '파괴할 수 없는 것' 즉, 인간적 가치의 존재를 드러내는 일이다.

나는 서지현 검사의 미투와 이윤택 연출가를 향한 미투가 순수했다고 본다. 미투의 본질이 살아있었던 이 두 초기 미투는 그 이후에 있었던 안희정 등에 대한 미투와 질적으로 다르다고 생각한다.

초기 미투의 취지는, 개인의 힘으로는 대적할 수 없는 나쁜 권력의 작동을 중지시키기 위해 사회적 연대를 요청하는 것이었다. 초기 미투에는 두 가지의 큰 목표가 있었다고 생각한다. 초기 미투의 일차적 목적은, 고발 대상의 사회적 명성이라는 허상 뒤에 숨겨진 권력의 민낯을 밝히는 것이었다.

이차적 목적은 피해자 구제였다. 여기에서 피해자는 통상적인 피해자 개념을 넘어선, 광의의 개념이다. 권력자를 둘러싼 불가침의 성역 속에 갇혀, 자의와 무관하게 권력자에게 봉사할 수밖에 없었던 존재들이 '미투 피해자'인 것이다. 피해자의 개인적인 성격이 어떻든, 권력자에 대한 봉사 행위가 무저항적이었든 소극적이었든, 피해자가 자신이 권력자에게 봉사했다는 자책감을 갖더라도, 그들이 성적·인격적으로 착취당했다고 간주하기에 충분할 때 우리는 그들을 '미투 피해자'라고 인정하게 된다. 이윤택의 피해자들처럼 말이다.

우리는 가해자 1인이 피해자 1인에게 순간적, 물리적, 직접적으로 행사하는 전형적인 형태의 폭력과, 그러한 형태를 띠지 않는 종류의 폭력을 구분할 필요를 갖는다. 페미니즘 광풍이 심해지며, 피해자가 아닌 이를 피해자라고 칭하는 일이 반복된다고 해도, 우리는 폭력에 대하여 섬세하고 정밀한, 정치한 시선을 가지는 태도를 유지해야 한다. 전형적이지 않은, 비정형적이고도 구조적인 폭력은 조직 내에서, 또는 일대일 관계라고 하더라도 고착된 친밀성 내에서 금전적. 가족적으로 얽혀있어 빠져나오기 힘든 상황이 지속되며, 증거를 남기거나 피해 사실을 진술할 기회를 빼앗는다는 특징을 갖는다. 이러한 폭력은 다양한 양태를 띠며, 비밀스럽고 교묘한 방식으로 행사되는 경향이 있다.

따라서 초기 미투를 통해 자신의 목소리를 내었던 '진짜 피해자'들을 구제하기 위해서는, 기존의 사법 체계가 아니라 미투라는 사회운동의 형태를 필히 빌려야 했다. 서지현 검사와 이윤택 고발자들의 미투는, 앞서 설명한 일차적 목표와 이차적 목표를 달성하고, 미투의 본질적 가치 또한 실현하기에 부족함 없는 운동이었다고 생각한다. 따라서 그들의 용기에 힘입어 모두 함께 힘을 내고, 용기를 내준 피해자에게 고마워하게 되는 것이 인지상정이라고 나는 생각하고, 실제로 당시 시민들은 그들에게 진심어린 연대의식을 표했다.

폭력에 대한 초기 미투의 접근 방식은 비단 성폭력 문제뿐 아니라 조직 내 갑질, 노동자 착취, 결혼이주여성이나 외국인 노동자에 대한 부당대우, 지역감정에 의한 차별 등 다양한 형태의 폭력에 적용 가능하다. 사회는 모든 사람에게 똑같이 열려 있는 공공재의 모습을 언뜻 띠고 있지만, 실상을 들여다보면 수많은 밀실들의 조합이기도 하다. 사회적 밀실 속에서 나쁜 권력이 행사되는 방식과 구조가 견제되지 못한다면 폭력은 점점 더 공고해지고, 잔인해진다. 초기 미투는 이러한 모든 상황에 적용될 수 있는 정의감이자 정의 실현의 방식이었다.

그러한 의미에서 초기 미투는, 생물학적 남녀의 문제를 넘어서서 휴머니즘을 고취하고, 우리 사회의 자생력과 생명력, 역동성이 아직 살아있음을 사회 구성원끼리 상호 확인하는 계기였다. 그리고 무엇보다 중요한 의의는, 과거의 고성장시대 대한민국을 뒤로하고 선진국으로 가는 길목에서 진보적 사회관이 널리 퍼질 수 있도록 하는 좋은 계기이기도 했다는 점이다. 그러한 의미에서 나는 서지현 검사와 이윤택 고발자들에 대한 헌사를 짧게라도 바치고 싶다. 초기 미투 고발자들은 역사에 기여했다. 나는 고발자들의 용기에, 그들의 절박함과 순수함에 고개 숙여 인사하고 싶다.

진짜 미투와 가짜 미투의 차이점에 대하여

그런데, 서지현 검사와 이윤택 미투 이후에는 판이 좀 이상하게 변했다. 페미니스트들은 안희정 사건, 곰탕집 사건, 박원순 시장의 죽음에 대한 비인간적 언행(대표적으로, 발인 당일 기자회견

^{을 열었던 사실}) 등, 일반 상식으로는 납득할 수 없는 무리한 미투와 성범죄 사건을 연출했다. 그리고 그들만의 '피해자'에게 의구심과 불신을 표하는 많은 '정상적인' 사람들을 2차 가해자로 매도했다. 심지어는 사건 대책위원회 차원에서 '2차 가해 신고'를 종용하기까지 했다. 이에 2030 여성들은 적극적으로 참여했다. 물론, 그들도 순수한 마음으로 임했을 것이다.

여성인권을 높이겠다는 명분 아래 진실여부가 가려지지 않은 사실을 영원한 진실로 둔갑시키려 한 것은, 그리고 그러한 왜곡된 방식의 진실 창조에 동참하지 않는 이들을 그들 나름대로 벌한 것은, 내가 앞서 미투의 진정한 의미를 논하면서 언급했던 '보편적 도덕감정과 휴머니즘'을 매우 교활한 방식으로 역이용한 것이었다. 인간이라면 연민을 갖고, 연민을 가졌으면 피해자를 인정할 수밖에 없고, 따라서 그 '피해자'에게 의구심을 품는 사람들은 2차 가해자가 되는 구조였다. 즉, 자신들이 주도하는 사건들에 동참하지 않는 모든 사람은 정상적 인간이 아니라는 논리가 성립되도록 한 것이다. 이러한 논리 구조는 당시 방송 매체에서도, 신문에서도, 정치권에서도 깨지지 않고

더욱 공고해지며 사회적 개념으로 자리를 잡아갔다.

 페미니스트들은 '피해자 중심주의'와 '성인지 감수성', '2차 가해'를 한데 묶어 '한국형 페미니즘'의 프레임을 만들었다고 나는 생각한다. 열거한 용어들은 안희정 지사 1심을 뒤집기 위하여 노이즈마케팅 되었던 것들이다. 페미니스트들은 그 용어들을 제멋대로 해석하여, 그 해석에 기준해서 자기들만의 기괴한 휴머니티를 창조했다고 나는 본다. 마치 군부독재시절의 보도지침처럼 성범죄 보도 가이드라인을 만들고, 언론 종사자들을 교육시키고, 초.중.고등학교에도 페미니스트 교사가 필요하다고 그들은 주장했다. 이외에도 페미니즘의 횡포는 사회 각계를 가리지 않았다.

 그러면서도 페미니즘 진영은, 페미니즘이 여성만을 위한 것이 아니라, 페미니즘이 곧 보편 인권으로 가는 길이라고 자타세뇌했다. 이 주장을 논리적으로 해석하면, 인권을 중시하는 모든 사람은 페미니스트여야 하고, 페미니스트일 수밖에 없다는 논리이다. 신지예 서울시장 후보나 여성의당 정치인들을 돌이켜 보면, 그들은 페미니즘식 인권 제국을 만들려고 했던 것 같다. 그러나 인권은 공감과 평등사상이 없다면 접근조차 하기 힘든 전지구적 개념이다. 페미니스트들이 인권을 팔아 했던 짓들은 모래성으로 된 제국을 지으려는 시도였다고 나는 생각한다. 그들이 일그러뜨려 놓은 인권의 얼굴, 인간의 얼굴, 그들이 범죄화해 둔 성 관련 사건들의 진실은 언젠가는 밝혀질 것이라고 나는 믿는다.

서지현 검사와 이윤택 고발자들의 미투와, 그 이후 안희정 지사 미투를 시작으로 이어진 성범죄 주장 사건들 사이에는 극명한 차이가 있다. 나는 안희정 지사 미투, 특히 1심 무죄선고에 대한 항의시위를 페미니즘 광풍의 본격적 시작점으로 설정하고, 그 이전의 미투와 그 이후의 미투 사건들이 어떠한 차이점을 갖는지 분석해 보았다. 둘 사이에는 몇 가지 분명한 차이점이 존재했다. 검찰, 사법부, 언론, 여론, 그리고 피해자 사이의 관계에서, 둘 사이에는 몇 가지 대비되는 요소가 있었다.

권력의 꽃을 겨냥한
서지현 검사의 미투는 실패했다

　서지현 검사의 미투에 대해 먼저 이야기하겠다. 2018년 1월 29일 JTBC뉴스룸에서 방송되었던 서지현 검사의 미투는 국내 미투 1호였다. 서지현 검사는 국민적 지지를 받기도 했지만, 개인적인 인신 모독도 당했으며, 미투 이후에도 검찰 조직에서 한직으로 좌천되는 등 고초를 겪었다.

　서지현 검사의 미투와 안희정. 박원순 시장을 향한 미투의 첫 번째 차이점은 미투 고발인과 검찰 사이의 관계이다. 서지현과 검찰, 그리고 김지은과 검찰 사이의 관계를 비교해 봤을 때, 둘의 관계는 정반대이다. 서지현과 검찰은 대립했고, 오히려 미투 이후 서 검사는 더욱 잔인한 조리돌림에 시달렸다. 반면 김지은의 경우, 검찰이 재판정에서 안희정 지사를 '덫을 놓고 기다리는 늑대'라고 표현할 정도로, 실체적 진실은 무시한 채 여성계의 편을 들어주었으며 2심.3심 사법부도 이와 같았다. 따라서, 안희정에 대한 김지은의 미투의 경우, 피해자와 검찰. 사법부의 관계는 후자의, 전자에 대한 적극 협조 또는 협력 양상을 띠었다.

서지현은 대한민국 사법권력의 꽃인 검찰을 직접 겨냥했지만, 안희정 지사에 대한 김지은의 미투는 검찰에 의존했다고 나는 판단한다. 김지은 씨를 지지하는 세력들은, 여론전 등을 통해 검찰이 페미니스트들이 원하는 쪽으로 공소사실을 해석하도록 보이지 않는 압력을 넣었으며, 이러한 의미에서 검찰을 활용했다고도 나는 본다.

이런 식으로 사법부가 적극적으로 도와준 미투는 내가 볼 때, 진정한 미투와는 거리가 멀었다. 안희정 지사 외에도 모든 성공한 미투는 검찰과 사법부에 의존했다. 아니, 검찰과 사법부가 두 손 두 발 들고 나서서 도와주는 것 같은 인상까지 주었다. 피의자가 사망하여 공소권없음 처리된 박원순 시장에 대한 미투의 경우, 사법부가 아닌 언론과 인권위가 마녀사냥식으로 유죄 판단을 내려버리고, 여성계의 입장들을 대대적으로 홍보했다. 성공한 미투 - 안희정 미투 - 와 실패한 미투 - 서지현 미투-의 성격을 따져보면, 대한민국의 여성주의는 기득권과 한 패라고 볼 수 있다. 이윤택 미투의 경우, 정치색을 띠지 않았기에 피해자들의 진정성이 충분한 '진짜 미투'였음에도 불구하고 성공을 거둘 수 있었다고 나는 생각한다.

서지현 검사의 미투와 타 미투의 두 번째 차이점은 고발인이 혼자이냐, 조직적 지원을 받고 있느냐의 문제, 즉 고발인과 여성계의 관계 문제이다. 순수한 미투는 여성계의 적극적 조력을 받지 못하는 경향이 있다고 나는 느꼈다. 물론 여성계는, 모든 '유명한' 미투에 대해서 공식 입장을 내고, 발언을 한다. 그러나 그러한 대응이 얼만큼이나 범국민적이고 적극적이고 공세적이고 끈질긴가의 측면에서 순수한 미투와 주도된 미투는 차이를 보인다.

순수한 미투는 여성계가 조력을 하든 말든, 오직 고발인 개인의 용기로, 국민 앞에 자신의 얼굴과 신상과 치부를 내놓을 정도로 절박한 용기와 정의에 대한 갈망에 의해서 행해진다고 나는 생각한다. 더욱이, 서지현 검사의 미투는 대한민국 권력의 핵심인 검찰 조직 전체를 직접 겨냥했다는 점에서 더욱 특별했다고 나는 생각한다. 검찰 전체를 겨냥한다는 것은, 공안 권력으로서의 오랜 기득권을 누렸던 검찰 조직의 역사에 역린을 심는 것이기 때문이다.

내가 보기에, 혹자의 사소한 조력이 있었다 하더라도 서지현 검사는 완전히 혼자였다. 검찰 안에서도, 대한민국에서도, 어쩜 전 세계에서도 혼자였다. 그녀는 단지 자신이 성추행을 당했다는 사실을 폭로하려고 방송에 나온 것이 아니다. 자신이 당한 추행의 폭로를 통하여, 나쁜 권력의 구조 자체를, 작동 양상을, 도덕적 해이에 빠진 기득권의 총체적이고 신랄한 초상을 국민 앞에 펼쳐놓는 진보적인 행위를 한 것이다. 나는 서지현 검사를 통해서 대한민국의 음지, 권력이라는 고지 속에 포장되어 있는 음지의 추한 풍경을 보았다.

서지현 검사의 미투에서 아이러니한 점은, 미투 이후 검찰 조직 내에서 그녀를 소외시켰던 검사들 중에는 여검사들이 상당히 많았다고 한다. 오히려 남자 검사들보다 여자 검사들이 더 집요하게 조리돌림을 했다고 들었다. 그런 여자들이야말로 페미니스트들이 부르는 '흉자'라는 호칭이 딱 어울리지 않는가? 비겁한 여자들 역시도 서지현의 적이었다. 그런 의미에서 서지현의 미투는 페미니즘의 틀을 벗어나, 권력과 이익 앞에서는 여자 남자가 따로 없다는 사실 또한 보여준다. 즉, 인권도, 폭력도 보편성의 관점에서 해석해야 한다는 교훈을 준다는 것이다.

불의한 착취 구조는 특정 성별에 국한되거나 성별에 의해 결정되는 것이 아니고, 정의도 마찬가지다. 단지 누가 누구를, 어떤 상황에서 왜 부당하게 대했느냐의 문제이다. 서지현 검사의 미투는 페미니즘 운동의 형식을 취했지만, 본질을 따져보면 보편적 정의의 문제를 건드리고 있다. 대한민국 1호라는 상징성 때문인지, 서지현 검사의 미투는 젠더 관점에서나 진영 논리의 측면에서나 정치적으로 해석되었지만, 오히려 그녀의 미투를 그렇게 해석하는 사람들이 모종의 흑심을 품었거나 혹은 낡은 관행으로부터 벗어나지 못한 채 '강 건너 불구경 하듯이' 사건을 무책임하게 대했다고 나는 비판한다.

미투의 목적 중 하나가 가해자로 지목된 사람에게 벌을 주는 것이라고 할 때, 서지현 검사의 미투는 안희정 지사에 대한 김지은 씨의 미투 그리고 박원순 시장에 대한 '잔디'의 미투와 달리 완전히 실패했다. 서지현 검사를 성추행했으며, 서 검사의 항의 후 조직적 인사 보복을 한 혐의로 재판을 받은 안태근 검사장이, 유죄를 선고 받았던 1,2심과는 달리 대법원이 사건을 돌려보냈고 이후 검찰의 재상고 포기로 무죄를 선고받았기 때문이다.

서지현 검사가 당한 성추행 자체는 증거가 없는 듯하다. 그러나 그녀가 당한 성추행은, 이후 조직적 인사 보복을 당하며 혐의가 간접 입증된다. 서지현 검사는 상식적으로 말이 안 되는 상황을 믿어달라고 하지 않았다. 다만 폭력적 조직에서 일어나는 인격 경시에 대해 담담하게 이야기했을 뿐이다. 서지현의 인터뷰를 다시 보면, 페미니스트들의 '떼쓰기'와는 질적으로 다른, 조리 있는 말하기를 발견할 수 있을 것이다.

그녀는 국민의 상식에 호소했고, 적폐 권력에 대한 국민의 누적된 분노에 힘입었으며, 그랬음에도 불구하고 안태근 검사장은 무죄를 받았다. 서지현 검사에게 조직적 인사 보복을 한 걸로 보이는 검사들은 재판에 회부되지조차 않았다고 알고 있다. 안태근 검사장에 대한 무죄 판결이 나왔을 때, 여성 단체는 소극적이었다. 무죄규탄을 하기는 했지만 형식적이었다. 안희정 지사 1심 무죄 판결 때 "끝까지 가겠다", "사법부가 유죄다"라며 집요하게 시위를 조직하던 모습은 온데간데없었다. 후속 보도도 별로 나오지 않았다.

서지현 검사도 처음에는 김지은 씨를 응원하는 듯했다. 그러나 시간이 지날수록, 서 검사는 대한민국을 휩쓰는 미투 사건들에 대하여 침묵으로 일관하기 시작했다. 그녀의 침묵에 대하여, 그녀가 피해를 주장하는 자들과 적극적으로 연대하지 않는다는 이유로 그녀를 '흉자'라고 비하하는 움직임까지 있었다.

서 검사는 박원순 시장에 대한 미투에도 특별한 찬반의견을 내거나, 특정 진영의 편을 들지 않았다. 그녀가 그저 '노코멘트' 했을 뿐인데, 페미니즘 진영은 그녀의 침묵에 집착했다. 박원순의 죽음조차 증오하듯이, 그녀의 강직한 침묵이 못마땅하다는 듯, 언론을 통해 비아냥댔다. 페미니스트들은 김지은 씨와 박원순 시장의 비서를 이용했듯이 서지현 검사를 이용할 수 있을 것이라 생각했던 것 같다. 그렇지 않고서야 가만히 있는 사람을 왜 비난하겠는가? 그런데, 정의감 있는 사람들은 자신의 정의감을 통해, 불순한 의도를 실현하려는 사람들의 야망을 금세 알아보는 법이다.

서지현 검사의 사례와 비슷한 성질의 사건들, 순수한 정의감으로 세상 빛을 본 사건들이 대한민국 미투 운동의 계보를 이어갈 수 있었다면, 페미니즘 운동이 지금처럼 왜곡된 상태로 퇴행하지는 않았을 것 같다. 만약 그랬다면, 페미니즘 운동은 특정 여성들만을 위한 운동, 또는 여성을 빙자한 여성계 세력의 국가 장악력 강화를 위한 운동이 아니라 보편 인권을 위한 정치적 행위가 되었을 것이다. 그러나 페미니스트들이 원하는 것은 폭력이 최소화된 사회가 아니라, 가십거리가 많은 사회인 것 같다.

서지현의 사례에 비추어 보면, 페미니즘이 순기능을 발휘하기 위해서는 페미니스트들로부터 멀어져야 하는 것 같다. 서지현의 예는 우리가 익히 알고 있는, 정의로운 자의 운명을 되새기게 해준다. 권력을 정조준한 사람에게는 동지가 없다는 것이다. 불의를 지적하는 사람에게는 동료가 없다. 동료인 척 이용하려는 사람들뿐이고, 그들도 결국 따 먹을 열매가 없다는 것을 알고는 떠나간다.

마지막으로, 서지현 검사의 미투는 냉정한 진실을 보여주기도 한다. 만약 서지현이 검사가 아니라 노동자였다면 그녀는 JTBC 인터뷰석에 서 있을 수 있었을까? 만약 그녀가 청소부였거나 부장검사 집에 드나들던 파출부였다면, 또는 부장검사가 수사했던 피의자였는데 정치범이 아니라 잡범이었다면? 그런 상황에서 성추행, 심지어 성폭행을 당했다면? 그래도 그녀는 JTBC 뉴스룸에 앉을 수 있었을까? 아마 뉴스데스크에 오기 전에 이미 소리소문 없이 사라졌거나, 쥐죽은 듯 살아야만 하는 상황에 처했을지도 모른다.

정의를 실현하는 문제에서도, 평등과 인권의 가치를 높이기 위한 사회 운동에서도, 권력의 위계는 작동한다. 즉, 평등을 위한 운동도 위에서부터 아래로의 운동이 되기 십상이라는 것이다. 여기에서 '위'와 '아래'를 결정하는 것은 기존 사회가 만들어둔 권력의 체계일 것이다.

이윤택 미투, 끝없는 슬픔

이윤택 미투에 대해서, 나는 예술 전공자로서 각별한 감정을 가지고 있다. 경험자로서 하는 말이지만, 젊은 여자가 예술계에 뛰어들면 도처에서 성적 위협이 출현한다. 특히 나처럼, 다른 전공자들보다 결이 강하여 현장에 일찍 뛰어들고, 나이 많은 사람들도 자주 만났던 경우는 더더욱 그렇다.

비단 내 경우가 아니더라도, 예술에 종사하는 여성들은 정조를 위협당하거나, 정조를 거래 대상으로 취급당하거나, 작품

전시나 전시 기획을 빌미로 성관계를 요구받거나, 자기 작품의 가치가 아니라 자신의 여성성이 거래 대상인 듯한 느낌을 받게 되는 일을 흔히 겪는다. 이런 일들은 공식적인 절차 속에 교묘히 포장되어 있지만, 당하는 사람은 자신이 어떻게 취급되고 있는지 알 수 있다. 이러한 일들은 마치 예술계의 고질적 논리처럼, 마치 여자가 헤픈 여자인 것처럼 상황이 흘러가게 하는 교묘한 방식으로 벌어지는 경우가 많다. 따라서 나는 이윤택 피해자들의 마음을 충분히 이해할 수 있었다.

여성의 성은 소중한 것이다. 특히, 어떤 여성을 아끼는 아버지나 남편, 오빠, 남동생들에게는 더 그러할 것이다. 나의 자애로운 아버지는 나를 '과보호'하며 키웠다. 누가 들으면 유난하다고 할 정도로 나의 안전에 온 신경을 기울였으며, 내 주변 사람들을 알게 모르게 경계하기도 했다. 특히, 불순한 의도를 갖고 접근해오는 조짐이 보이는 사람에 대해서는 약간의 조짐만 있어도 아버지는 분노했다.

나의 아버지는 순하고 선한 천성을 타고난, 존경할 만한 분이다. 나의 친가를 강타했던 여러 풍파에도 아버지는 거의 화를 내지 않았다. 그렇게 늘 묵묵히, 긍정적으로 살아냈으며 웬만해서는 웃음기를 잃지 않았던 아버지가 '대노' 했던 일이 한 번 있었는데, 내가 다니던 중학교 남성 교사가 야밤에, 어린 나에게 지속적으로 연락해왔을 때였다. 그는 나와 몇몇 친구들을 따로 불러, 학교 앞 돌담길을 걸어보라고 한 뒤 사진을 찍어 인화해 주었다. 나와 친구들은 선생님이 제자의 사진을 찍어준다는 데에 대하여 어떤 의심도 하지 않았고, 실제로 그가 노출 같은 걸 요구하지도 않았다.

문제는 그 다음부터였는데, 어느 날부터 그가 사적으로 연락을 해 오기 시작했다. '나는 무슨 음악을 듣고 있다', '뭐 하느냐', '내일 교무실로 와라, 이야기하자', 나중에는 '둘이 영화 보자'까지, 그의 연락은 끝이 없었다. 나는 그의 연락을 일방적으로 받는 입장이었지만, 선생님이 연락을 해 오는데 무시할 수도 없었다. 그래서 그가 연락을 해 오면, 방에 숨어 전화를 받았다. 그가 내게 하는 행동이 통상적 기준에 어긋나는 잘못된 행위라는 사실을 직감했기에 그랬던 것 같다.

내가 자꾸 방에 숨자, 이를 이상하게 생각한 아버지는 내 휴대폰을 보게 되었고, 교사의 문자를 확인하고는 바로 분노했다. 아버지는 교사에게 "아빠가 이 문자 다 봤어요."라고 연락하도록 지시했고, 나는 순순히 따랐다. 그 이후로 교사는 단 한 통의 문자도 보내지 않았으며, 심지어 학교에서 마주쳐도 나를 모르는 척 쌩하니 피해 지나갔다. 아마 지금 같았으면 그는 '스쿨 미투'의 대상이 되었을지도 모른다. 물론 내게 스쿨 미투를 할 기회가 주어졌다고 해도 내가 그를 신고하는 일은 없었을 것이다. 그때나 지금이나, 내게 누군가를 신고한다는 것은 – 설사 그(녀)가 잘못했음이 명백하다 하더라도 – 왠지 잔인하고, 견디기 어려운 불편한 감정을 가져다주기 때문이다. 생각해보면 나는 그 교사를 다소 연민하기도 했던 것 같기도 하다.

성인이 된 후, 나는 연애 비슷한 것도 대강 했고, 성인이라면 하게 되는 경험도 당연히 했다. 그러나 나는 줄곧 나의 사생활은 비밀에 부쳤다.

대학 1학년 때, 모 큐레이터와의 해프닝이 있었다. 내 작품에 대한 관심으로 가장된 그의 잦은 연락에 성적 의도가 다분하다는 것을 알게 된 뒤 그와 연락을 두절해버렸다. 그는 처음에는 내 작품을 매우 특별하게 생각한다는 이야기로 시작하여, 미술현장 이야기, 미술사 이야기 등을 문자 메시지로 보내왔다. 나는 그 이야기들이 즐거웠다. 그러던 어느 날, 그는 내게 부모님과 동거하느냐고 물었고, 집에서 나오기를 권유했다. 그와 미술관 앞에서 만나 저녁 식사를 하기로 한 당일, 나는 급한 일이 생겨 약속을 취소하게 되었고, 그는 "나 보고 싶어?"라는 문자를 보내왔다. 연애 감정을 갖고 있지 않다고 내가 답하자, 그는 거의 A4 3장 분량의 변명을 보내왔다. 그 이후로도, 나만 괜찮다면 편히 만나는 사이가 되고 싶다고 말해왔으나 나는 연락을 끊어버렸다. 이후에도 몇몇 나이 많은 미술계 인물들이 이와 같이 접근해왔다. 개중에는 내가 타협만 한다면, -즉 정조를 포기한다면- 내게 단기적 이득을 가져다줄 수 있을 일들도 있었다. 그러나 나는 깊이 엮이기 전에 빠져나왔고, 나에게 있었던 일을 누구에게도 알리지 않았다. 혹시 나에게 일어난 일을 가족들이 알게 된다면, 전공 활동을 아예 못 하게 할까 봐 그렇게 했다. 나에게 가장 중요한 것은 미술이었다.

도덕심을 내려놓고 솔직히 이야기하자면, 나는 나에게 일어나는 일로부터, 남성과 여성의 본성을 보았다. 물론 내가 겪은 일들이, 정제되지 않은 질 나쁜 남성성과, 채 성숙하지 못한 설익은 여성성이 맞부딪힐 때 일어나는 불미스러운 일들이었다는 사실에는 의심의 여지가 없다. 그러나 그 일들에서 남성들의 언행과 나의 반응은 남녀의 본성을 함축하고 있기도 했다. 수컷은 자신의 암컷을 정복하려 하고, 암컷은 수컷을 두려워하면서도 무의식적으로 유혹하며, 수컷에 종속되는 자신을 일시적으로나마 방기한다는 점을 나는 체감할 수 있었다. 남자와 여자는 -극히 예외적인 경우를 제외하고는- 도저히 같을 수가 없고, 어쩜 같이 일하기도 어렵다. 특히 창의성과 감정이 강조되는 예술 분야에서는, 문제가 안 생길래야 안 생길 수가 없는 것이다.

나는 모든 문제를 비밀에 부치는 나로부터 소극적이고 앙칼진 암컷을, 상식 밖의 행동을 하는 그들로부터 사회화되지 않은 수컷을 보았다. 지금의 여론과 젠더 갈등 또는 젠더 간 긴장 상태에 비추어 봤을 때, 특히 젊은 세대의 경우, 내가 내 경험을 나열하는 것만으로도 나를 페미니스트로 오해할 수도 있으리라고 생각한다. 또, 페미니스트들은 나의 아버지를 가부장적이고 억압적인 남성으로 오해할지도 모른다. 어릴 적부터 나를 과보호했던 아버지 얘기를 듣는 순간 즉각 염증을 느끼는 페미니스트도 있었을 것으로 예상한다. 페미니즘 광풍이 이 정도가 아니었다면, 젊은 예술학도로서 사회의 쓴맛을 보았던 나는 연민을 받았을 것이고, 나의 아버지는 자애로운 분으로 칭송받았을 텐데 말이다.

나는 이윤택 미투를 보며 슬펐다. 내가 예술인이라서 그런지, 피해자들의 절규로부터 예술에 대한 열정을 읽었다. '이 고통을 넘어서서라도 내가 하고 싶은 예술을 하려 했는데 도저히 안 되겠어요' 하는 호소로 들려, 내 마음은 상당히 고통스러웠다. 또한, 예술적 욕구와 현실에서의 예의를 구별하지 못하는 무도한 이들을 벌하고 싶어졌다. 그들은 문화권력을 손에 쥔 채, 수많은 여성 예술인들을 착취해 왔다. 이윤택 미투를 보는 내 마음이 더 아팠던 이유는, 예술계에 몸담은 여성들의 숙명을 보는 듯했기 때문이다. '언젠가는 당해야 한다, 언젠가는 몸을 손상시켜야 한다. 그래야 살아남는다'는 숙명이 느껴졌다. 그리고, 저 숙명이 깨어지는 날이 되면 예술계가 많이 변화해 있을 것이라는 직감도 갖게 되었다.

또 한편으론, 저러한 것을 겪게 된 여성들이 진정한 예술가로 성장할 수 있으려나, 생각해보기도 했다. 부도덕한 생각이기는 했지만, 현실적인 생각이기도 했다. 그리고, 한국 예술계의 수준과 계파성향에 절망했기에 할 수 있는 생각이기도 했다. 한국 예술인들이 해외에서 활약하고 있기는 하지만 한국 순수예술계의 수준은 일천하다고 나는 생각한다. 한국에서 예술과 도착증, 쇼맨십은 서로 섞이고 오해된 채, 어느 기관에서건 은근한 폭력성을 은폐한 채 연출되고 있음을 알고 있기 때문이다. 한편으론, 예술에서 욕망과 파괴 등은 중요한 요소인데, 그런 것들을 파악하려면 어쩌면 직접 겪어보는 수밖에 없지 않나 하는 비정한 논리 또한 나는 예술가로서 이해하고 있기도 했었다. 이윤택 미투를 보며, 리얼리티란 참 슬프고 모순적이며 비밀스러운 것이라고 나는 홀로 생각했었다.

TV로 이윤택 미투를 보며 나와 아버지는 함께 분노했다. 이윤택 미투를 적극 지지했던 이는 다른 누구도 아닌 나의 아버지였다. 그리고 내 아버지 연배의 남성들이었다. 그는 세상 곳곳에 이런 일이 이렇게 많으니, 불쌍한 여자들이 얼마나 많겠느냐며, 피해자들 증언에 깊이 공감했다. 당신도 사회생활 중에 '저런 놈들'을 보았다며, 저런 것들이 판을 치는 연극계가 얼마나 더럽고, 숨겨진 피해자들이 많을지 상상할 수도 없다며 '통탄'했다. 딸 가진 아버지들의 마음이라면 다 그러할 것이다.

사실 예술계 첫 미투는 이윤택이 아니었다. 적어도 이윤택 이전에, 나에게 연락을 해왔던 바로 그 큐레이터였다. 그의 사임을 요구하며 미술관 앞에서 시위가 벌어졌고, 내 친구도 거기에 참여했다. 나는 '문자 사건'을 기억하며 그들의 시위를 지켜보았고, 그가 학부 1학년생을 준강간, 강간미수 했다는 증언이 내 기억으로는 두세 건 정도 나왔는데, 모두 비슷한 방식이었다. 학생들이 있는 술자리에 참가한 다음, 다들 취하고 반쯤 몽롱해져 누군가의 자취방으로 갈 때 따라가 속옷 속으로 손을 넣는 방식이었다.

이윤택 피해자들은 TV 속에서 울고 있었다. 얼굴을 공개한 상태로 통곡하고 있었다. 그들은 이윤택의 방에 있던 넓은 침대에 대해 이야기하며 숨을 거칠게 쉬었고, 속에서 나오는 끔찍한 기억들을 겨우 참아내며 힘겹게 말을 이어갔다. 그들은 미간에 주름을 잡으며 고개를 숙이고 끝내 눈물을 떨구었다. 배우 한 명이 그렇게 하자 다른 배우들도 그렇게 했고, 여성, 남성 할 것 없이 연대와 지지를 표했다. 남성이 미투에 비협조적이며 2차 가해에 적극 가담한다는 편견이 틀렸다는 것은 여기에서도 이미 입증된 셈이었다.

이윤택 미투, 그리고 서지현 검사의 미투까지의 미투는 순기능이 극대화된 사회 운동이었다. 당시 페미니즘 진영이 어떠한 의도와 계획을 갖고 있었건, 외연적으로 그 두 건의 미투는 우리 사회에 긍정적인 반향을 가져왔으며, 남녀노소를 불문하고 미투 운동 본연의 문제의식에 동의하게 만들었다. 내 어머니는 피해자들의 고통이 다 느껴진다며 울먹거리기도 했다. 도덕 감정은 보편적이었고, 공감 능력 또한 마찬가지였다. '정상적인' 인간이라면, 고통받는 자 앞에서 어떤 식으로든 마음이 흔들릴 수밖에 없었다.

10

폭력이란 무엇인가

사회를 떠들썩하게 하고 전국민이 알고 있는 권력형 성범죄 사건은, 사회 어느 구석에서 일어나는 사소한 성범죄 사건보다 훨씬 부족한 증거들로 훨씬 과분한 성과를 여성계가 거두어 왔다는 것도 확인할 수 있었다. 사건이 내포하고 있는 상징성이랄까, 그런 것이 페미니스트들에겐 궁극적 승리의 표징이 되는 듯했다.

　A를 분노하게 했던 페미니즘 광풍은, 소위 '페미 코인'이라고 하는 수많은 일자리를 창출하며 일종의 산업이 되었다. 이 조직의 대표와 관련된 사건을 주제로 한 학회, 토론회, 세미나, 연구 모임 등은 모두 페미니즘 연구자들이 이름을 알리고, 경력을 쌓는 도구가 되었다.

인간주의적인
책을 쓰고 싶었습니다

나는 이 책을 집필하며, 무고 피해자들뿐 아니라 실제 성폭행 피해자들의 사례들도 조사했다. 나는 공정한 책을 쓰고 싶었다.

안희정 지사 사건에서 내가 20대 사무원으로는 유일하게, 그리고 당시 상황에서는 아예 유일하게 내 개인 SNS에 반대 목소리를 낸 이후 나는 줄곧, 자의 반 타의 반으로 반페미니스트로 공인되었다. 나는 폭력적 남성에게 관대한, '문란한' 여성 취급을 당하기도 했으며, 실제로 내가 반페미니스트로 보인다는 이유로 폭력적 접근을 해온 남성들도 있었다. 그러나 그들은 모두 나를 잘못 보았다. 정치적으로야, 반페미니스트라는 낙인을 충분히 수용할 수 있었다. 그러나 나는 실제 성범죄, 즉 우리가 고대와 중세, 현대를 막론하고 인간주의의 주적으로 여겨야 하는 진정한 악에 대한 관심을 포기한 적이 없었다.

나의 정치적 발언과 방송 출연 등의 활동이 직접적으로든 간접적으로든 내가 모르는 어떤 경로로, 진짜 성폭행을 당한 피해자를 더욱 고통스럽게 하지는 않을까 하는 염려가 늘 나를 불안하게 했다. 나는 정치권력화된 페미니즘을 비판함으로써 새로운 인간주의의 기준을 세우는 데에 목표를 세우고 있었지, 단지 정치권력에 이용당한 여성들을 단죄하기 위해 책을 쓰는 것은 아니었다. 그녀들을 단죄하는 데에 나의 온 존재를 걸 필요는 없으니까. 나는 다만, 이 책을 통해 나의 휴머니즘을 펼쳐놓고 싶었다.

나는 정치적 미투와 이를 통해 무차별적으로 확장. 확산되는 여성계 권력, 그리고 이에 동원되어 자신을 '일상적' 여성혐오와 차별, 일상적 성희롱과 추행의 피해자라고 믿어버리는 희생양(또는 의도치 않은 홍위병) 여성들에게는 비판의 칼을 벼렸지만, 내 비판의 칼날이 아무리 날카롭다 하더라도, 아니 날카로울수록, 진짜 성폭행을 당하거나 존재를 착취당한 피해자들에게는 털끝만큼의 피해도 주지 말아야 한다고 생각했다.

책을 쓰며, 나는 '진짜 성폭행을 당한 사례'와, '진짜 무고를 당한 사례'를 동일선상에 놓고 정의와 불의를 따졌다. 진술이 첨예하게 배치되고, 증거도 없으며, 사건이 해결되기 이전에 삶부터 망가뜨려 놓고 보는 성 관련 사건의 특성상, 명백한 성폭행으로 보이는 사건도 실제로는 그렇지 않을 수 있었고, 마찬가지로 명백히 무고 같은 사건도 그렇지 않을 수 있었다. 진실은 단 둘만, 아니, 성폭행이든 무고든 진실은 오직 피해자 단 한 사람만이 알고 있었고, 법원도 모르거나, 비극적이게도 법원에 가닿지도 않은 채 피해자 홀로 소멸하기도 했다. 파고들수록 간단하지 않은 성 관련 사건들은, 그렇기 때문에 최소한의 성찰도 없이 무조건 한쪽 편에 서는 것의 위험성을 내포하고 있었다. 적어도 무엇이 사실이고 무엇이 진실인지 알려는 그 마음을 내려놓지 말아야 한다는 것은 내게는 하나의 절대 명제이기도 했다.

A의
이야기

아래 글은 나의 얘기를 듣고 제 3자가 정리한 것이다. 참고할 만한 것들이 있을 것 같아서 글의 일부를 남겨둔다. 여기서 A는 나를 말한다.

A는 비교적 부유한 집에서 태어났으나 어린 시절 내내 온기가 없는 가정에서 자랐다. 중고등학교까지도 어머니의 사랑을 모르고, 아니 그보다 끈질긴 학대의 경험을 안고 있었다.

A는 어떻게든 집에서 벗어나고 싶다는 일념으로 열심히 공부해, 전액 장학금을 받고 대학에 합격했다. A는 가족들을 모아 놓고, 한 학기만 마음껏 공부를 해 보고 싶으니 생활비만 지원해 달라고 요청했으나, 어머니는 책임감이 없는 아이라며 나가서 돈을 벌어오게 했다. 그 길로 여성은 자립을 위해 돈을 벌고, 자력으로 집을 나가 기숙사, 독거노인 가정, 싸구려 고시원 등을 전전하며 살았다.

A는 전공 분야에서 일찍 두각을 나타내며 인정받는 듯했지만, 의외의 곳에서 예측 못 한 난관을 만나게 된다. A가 잠시 휴학을 하고 정치 조직에서 일을 하게 되었는데, 그 조직의 수장이었던 정치인이 미투 고발을 당한 것이었다.

A는 그 고발을 나름 무고로 판단했었다. 그 조직의 내부자들 일부도 그 고발이 무고라는 의혹을 갖고 있었던 듯했다. A는 조직 내부에서 일어나는 여러 일들을 보고 있었고, 이 사건은 강간이 아닌 화간이라는 주장을 펼쳤다. 그러나 당시의 여론은 페미니즘 광풍에 잠식당해 있었고, 언론과 사회는 조직의 대표를 강간범으로 몰아가고 있었다.

조직의 내부자들 일부는 국민들이 알고 있는 것과는 다른 사실들을 알고 있었으나, 이러한 내용을 언급하는 것만으로도 2차 가해자로 치부되어 사회적으로 매장될 위기에 처하게 되었기에, 법정 참고인 증언 외에 조직 사람들이 할 수 있는 일은 없었다. A는 주류 여론에 편승하기보다 자신의 주관을 말하는 쪽을 택했고, 2차 가해자가 되었다.

여성계에게 이 미투는 소위 '큰 건'이었다. 어느 여성계 관계자는 술을 마신 상태에서 취중진담으로 '우리도 그 사건이 석연치 않다는 걸 알아. 그렇지만 이건 우리 운동에 있어서 중요한 분수령이고, 탄압받는 많은 여성을 구하기 위한 고육지책이다'라고 말하기까지 했다. 이런 취지의 말을 했던 여성계, 정치계 관계자는 한두 명이 아니었던 듯하다.

여성계는 이 '큰 건'을 성공시키기 위해서, 거의 독재 정권의 보도지침에 버금가는 언론 장악과 여론 탄압을 시도했다. 자신이 피해를 입었다고 주장하는 여성을 무조건 '피해자'라고 부르도록 했고, 그 외의 호칭은 허용되지 않았다. 고발 초기부터, 고발인 등의 중립적 호칭은 사용되지조차 않았다. 무조건 가해자는 가해자로, 피해자는 피해자로 판을 짜둔 뒤, 왜 폭행과 협박이 없었는데도 강간이 성립하는지를 주요 뉴스 매체 논설난에서 국민에게 세뇌시키기 시작했다.

'가해자'와 '피해자' 사이에 폭행과 협박이 없었다는 사실은 피해자 측도 인정했음에도 불구하고, 단지 위력에 의해 피해자는 상사가 시키는 대로 성관계에 응할 수밖에 없었다는 것이 페미니스트 세력이 내세울 수 있는 강간죄 근거의 전부였다. 3000쪽에 달한다는 증거 기록은 피해자와 가해자를 포함해 여럿이 찍은 사진 외에는 공개된 것이 없었다. 조직 대표에 대한 1심 판결은 공소사실 9개 모두 무죄로 판결이 났고, 1심 판결의 요지는 위력의 존재는 인정하나, 위력이 행사된 정황(해고 협박 등)이 없으므로 피고인은 무죄라는 것이었다.

여기에서부터 페미니즘의 광풍은 시작되었다. 1심 판결 당일, 페미니스트들은 '사법부가 유죄다'라는 팻말을 들고 서울 서부지방법원 앞에서 대규모 시위를 벌였다. 그리고, 이 사건을 담당하는 공대위와 전국 대표 유수의 여성단체들이 여성 인권의 퇴행적 판결이라는 성명을 냈다. 이러한 여론전의 결과인지, 2심 재판부는 '위력은 존재함으로써 행사된다'는 논리를 세웠고, 이에 따라 공소 사실은 모두 유죄로 뒤집혀 조직의 대표는 법정 구속되었다. 이 논리는 최종심까지 유지되었고, 결국 대표는 3년 6개월의 실형을 살게 되었다. A는 억울함을 느꼈고, 페미니스트들이, 화간으로 추측되는 사건을 위력에 의한 간음으로 만들기 위하여 쏟아부었던 조직적 총력에 대하여 여성은 대단한 분노를 느끼게 되었다. 특히 자신들이 원하지 않는 재판 결과가 나오면 사법부를 규탄하고, 원하는 결과가 나오면 재판 결과에 이의를 제기하는 상대측에겐 감히 재판부의 판결에 딴지를 건다며 맹렬히 비난하는 여성계의 막무가내 행태에 염증이 일었다. 그들은 건건마다 그런 식이었으므로, 자기 모순조차 느끼지 못하는 괴상한 조직이 되어가고 있었다. 우리는 그렇게 행동해도 되는 유일무이한 조직이라고 과시하는 듯한 인상까지 받았던 것이다.

이 조직의 대표를 범죄자로 만들기 위하여, 국내 명문대의 래디컬 페미니즘 연구자들이 동원되었으며, 숨겨진 곳에서 고통받고 있는 피해자들에게 배분되어야 할 조직의 힘이 '공대위'라는 조직으로 모여, 성인지 감수성과 피해자 중심주의라는 개념을 국민에게 설파하며 권력을 얻고자 하는 상황 자체가 A에게는 매우 위선적으로 보였다. 그녀들이 '큰 건'에는 크게 반응하고, '사소한 건'에는 사소하게 반응한다는 사실은 평등 사상에도 위배되었을 뿐더러, 사회 정의에도 심각하게 어긋나는 일이라고 A는 판단했다.

A를 분노하게 했던 페미니즘 광풍은, 소위 '페미 코인'이라고 하는 수많은 일자리를 창출하며 일종의 산업이 되었다. 이 조직의 대표와 관련된 사건을 주제로 한 학회, 토론회, 세미나, 연구 모임 등은 모두 페미니즘 연구자들이 이름을 알리고, 경력을 쌓는 도구가 되었다. 그녀들은 '성인지 감수성', '피해자 중심주의', '2차 가해', '백래시' 등을 주장하며 여성인권을 증진한다는 슬로건을 내세웠고, 대중의 눈에는 그것만 보였겠지만, 그러한 낯선 의제들이 사회의 일반 상식처럼 거론되게 된 데에는, 언론사 내의 페미니스트들과 여성단체 활동가들의 협잡, 그리고 당내에서의 정치적 결단이 없었다면 불가능했을 것이라고 A는 판단했고, 페미니스트들의 위선에 대한 분노에 휩싸였다.

미투로 인해 A가 소속되어 있던 조직은 와해되었고, A는 학업으로 복귀하였다. A는 미술학도였고, 현대사와 근대미술과 철학에 관심이 있었다. 예술 특목고에 이어 서양화 학과를 다닌 A이기에 본령인 회화 작업에 특히 매진하였다. 이런 과정에서 미술계를 포함한 문화계 인사들과도 교류를 맺는 기회가 있었다. 그 중에는 미투를 당해 해고되거나 자의 반 타의 반 사퇴서를 내야 했던 교수도 있었다. 누가 봐도 무리한 미투도 있었고 본인은 아니라지만 혐의가 짙은 미투도 있었다. 미투라고 다 같은 미투가 아니었고, 경미한 일로도 여론 재판이나 법원 판결로 유죄가 되는가 하면 자칫 심각한 범죄의 냄새를 풍기는 데도 그냥 묻혀버리는 경우도 있었다. 소위 피해자의 주장, 그리고 가해자의 변론 모두가, 3자의 입장에선 진실의 회색지대 그 어디쯤 위치해 있다는 걸 인정할 수밖에 없었다.

작업실 문제나 전시 관련 일로 만난 문화계 사람들 일부도 예비 성범죄자로서 손색이 없었다. 아니 성범죄의 기준을 충족시킬 만한 행위들을 예사로 저지르곤 했다. 그런 행위들이 상당히 오랜 기간 그들의 비뚤어진 성충동을 충족시켜 왔음을 알 수 있었고, 앞으로도 기회가 주어진다면 그럴 소지가 다분하다는 걸 누가 일러주지 않아도 알 수 있었다. 그런 자들이 소송이라도 걸리면 건 당 2, 3년은 재판받아야 할 거라는 사실도. 반면 가벼운 농담 외에는 평소 언행 면에서 전혀 성적 의도가 없어 보이는 인사들이, 일상과 정신이 피폐해지는 성범죄 송사에 걸려 고통받고 있는 광경도 A는 볼 수 있었다. 이 사회에는 사건으로 만들면 사건이 되고 사건으로 만들지 않으면 사건이 되지 않는 성범죄 관련 일들이 너무나 많았다.

사회를 떠들썩하게 하고 전국민이 알고 있는 권력형 성범죄 사건은, 사회 어느 구석에서 일어나는 사소한 성범죄 사건보다 훨씬 부족한 증거들로 훨씬 과분한 성과를 여성계가 거두어 왔다는 것도 확인할 수 있었다. 사건이 내포하고 있는 상징성이랄까, 그런 것이 페미니스트들에겐 궁극적 승리의 표징이 되는 듯했다. 권력자라고 개인이 아닌가. 그의 가족들은 개인이 아닌가. 대통령 빼고는 장관. 총리, 국회의원, 판사 모두가 미투의 대상이 되는 순간 그는 외로운 개인으로 돌아가야 한다. 아닐 것 같은가. 상대는 여성이고 페미니스트들이고 여성계이고 정의론을 설파하는 언론이다. 과연 누가 권력자인가. 여성이라는 존재 자체가 피해자이면서 동시에 권력이 되는 구조를 A는 주목해야 했다. 여기서 권력은 소수의 여성들에게 과도하게 부여되곤 했다. 상대적으로 진짜 피해자들, 힘없는 다수의 여성들에겐 이 권력이, 권력을 부여하는 지원부대들이 없거나, 있어도 미약했다. 우리 사회에 만연한 잔인한 성폭력, 그로 인한 폭행, 살상 등 강력범죄들

방지에 더 많은 구조적 지원을 하기 위해선 이러한 여성 권력의 분산화가 절대적으로 필요하다고 A는 생각하게 되었다.

실체가 불분명한 미투를 감행한 소위 피해자들이 2차 가해(그들이 말하는)에 시달리는 걸 본 진짜 피해자들은, 자신들도 섣불리 나섰다가 그녀들처럼 사회적 비난에 시달리지 않을까 하고 두려워 하게 된다고 A는 말했다. 페미니스트들은 온갖 일에 2차 가해 운운할 게 아니라, 애초부터 미투다운 미투를 지원함으로써, 진실성이 큰 미투엔 2차 가해 자체가 현저히 적다는 사실을 보여줘야 할 것이라고.

마음에 진실이 가득한 사람들은 자신을 변명하고 상대측을 비난하기 위해 일부러 공격적인 말을 쓸 필요가 없다고 A는 말했다. 그러니 언론, 정당 대변인, 국회의원, 변호사들이 오늘날 걸핏하면 내뱉는, 본인의 인격을 의심케 하는 성범죄 관련 쌍스러운 발언들은 진실한 마음이 담담히 서술하는 사실 관련 발언들에 비하면 정의론과 인권론의 탈을 쓴 노골적 소동에 불과하다고.

A는 자신이 본 것 자신이 믿은 것 자신이 생각한 것 그게 모두 진실이라고 확신하지는 않는다고 했다. 다만 진실을 알리는 마음 그 자체를 범죄시하고 모욕하는 파시스트적 사고의 세력들과는 함께할 수 없을 뿐더러 그런 문제라면 굽히지 않고 언제든 싸울 준비가 되어 있다는 말도 덧붙였다.

그리고 A는 말했다. 내가 미투 당사자라면 나의 미투와 관련해 일어나는 모든 논란에 대해 기꺼이 환영하겠다고. 내가 진실한 한, 모든 반대세력들의 선동, 또는 잘못된 여론이나 믿음을 수정할 수 있는 기회가 나로선 오히려 기쁠 것이라고. 심지어, 여성계의 비호도 좋지만 그보다는 나의 진실이 더 강하다고. 그러니 진실은 가해자에게도 피해자에게도 유일한 무기라고. 시민들은 그 진실 주변에 몰려 있어야 한다고.

중요한 것은 진실이지, 언어가 아니다. 중요한 것은 실체이지, 만들어진 논리가 아니다고 A는 말했다. 그리고 전자와 후자를 구분할 수 있는 능력이 바로 직관이고 감성이고 인간성이라고. 우리 사회가 지난 5년 동안의 부조리한 상황들을 겪으면서 잃어버린 바로 그 인간성, 그래서 지금 회복해야 하는 바로 그 인간성.

마지막으로 A는 성범죄에 관한 언론의 기사나 논지에 대해 언제나 놀라고 있다고 말했다. 인간에 대한 기본적인 성찰이 담긴 기사는 눈씻고 봐도 없으며, 자극적인 제목을 뽑기 위해서인지 사실이 아닌 내용도 예사로 뽑는다는 것이다. 다른 목소리를 내는 기자는 징계까지 당하는 경우도 있다니 이러고서야 언론의 역할이 여성계의 나팔수 외의 무엇인지 알 수 없다고 했다. 일단 성범죄 관련이라면 여론조차 엇갈리는 모호한 사건조차도 극악무도, 후안무치 같은 표현 외에는 떠오르지 않는지 그런 단순성이 부럽다고도 했다.

나는 A의 얘기를 줄곧 들으며 A가 진실 강박증 환자가 아닌가 하는 생각을 언뜻 하면서도 진실에 대한 집착 그 자체를 나무랄 수는 없다고 생각했다. 왜냐하면 그녀는 진실에 대한 고뇌야말로 진실 그 자체만큼 가치 있는 일이라고 마음속 깊은 곳에서 믿고 있었기 때문이다. 고뇌…… 그건 어쩜 진실뿐 아니라 사실 자체보다도 더 가치 있는 태도일 수도 있다고, 지금 우리에게 부족한 것일 수도 있다고 나는 또 생각했다. 그 고뇌를 통해서야만 인간은 인간을 연민하게 되는 것일까, 그런 생각도 하게 되는 하루였다.

책을 마치며

　이 세상의 모든 부조리를 페미니즘 탓으로 돌릴 수는 없겠지만, 하나 확실한 것이 있다. 페미니즘 권력은 선과 악에 대한 정교하고 치밀한 잣대를 망가뜨리고, 성인지 감수성 등 새로운 담론에 집착한 나머지 '진정한 악'을 심판하고 악인을 처벌하는 데는 소홀했다는 것이다. 그러니까 페미니즘 권력이 희생시킨 사람들은 다름 아닌, '진짜 피해자들'이었다고 나는 말하고 싶다.

　페미니즘식 법해석이 형사 판례에 도입되고, 가해자로 지목된 남성이 누구인지에 따라 -큰 건일수록- 불공정하고 편파적인 판결이 연속되는 가운데, 나는 오직 나의 판단력과 직감으로 진실을 가려내야 했다. 이런 책을 쓰고자 한다면, 설사 자신의 판단이 틀렸음이 후일 입증되는 한이 있더라도 그렇게 해야 했다.
　증거 없는 성범죄 사건만큼 첨예하게, 진실과 거짓이 마구 뒤집히며 마치 환영 속을 헤매는 듯한 느낌까지 주는 사건이 또 있을까? 책을 집필하며 조사한 사례들, 또 개인적 경험들을 뒤돌아보며, 나는 정상적 인간성이라는 것이 과연 존재하는가에 대해 심각한 의문을 가졌고, 그 의문이 나를 회의주의자로 만들어 내 젊은 생명력을 퇴색시키는 일을 막으려고 사력을 다했다. 진실을 수면 위로 올리려면 말의 힘을 빌려야 하지만, 그렇게 세상에 나온 말을 통해서 진실을 파악하는 것은 다른 게 아니라, 인간의 마음이다. 마음은 눈에 보이는 것도 아니고, 어떤 언어를 빌려서도 온전히 설명되지 않는 것이다. 마음은 마음일 뿐이다. 그렇기에 마음은, 기적적으로 통할 수도 있지만 반대로 완벽하게 속일 수 있는 것이다.

나는 성폭행 사례와 무고 사례를 조사하며, '성인지 감수성'이라는 개념을 자꾸만 되뇌이게 되었다. 페미니스트들이 주장하는 성인지 감수성은, '마음의 권력'을 장악하려는 무서운 시도라는 생각이 들었다. 말을 통해 마음을 조작할 수 있다고 믿는 무도한 자들과의 싸움, 남의 눈에 피눈물 나게 하고도 정의로운 척, 정의롭다고 공인된 자에게 사회가 베푸는 온갖 명예를 당연하게 누리는 것, 그 꼬락서니가 나는 미웠으나, 내가 해야 하는 싸움은 그 행위에 대한 부단한 증오심을 뛰어넘어 우리 공동체 전체를 명상하는, 공평무사한 싸움이어야 했다.

물론, 페미니스트 활동가들이 피해자 지원단체 운영 등을 통해 실제 성폭행 피해자들의 복리에 기여한 바를 나는 가볍게 생각하지 않는다. 가볍게 생각하지 않는 정도가 아니라 숭고하게 생각한다. 무료 심리상담, 법률. 의료지원, 재활시설 운영을 통한 자립지원 등의 체계적 시스템은 놀라울 수준이다. 이러한 복지 절차를 통해 새 삶을 얻은 피해자들에게 나는 '살아주어서 고맙다'고 말하고 싶다.

아마도 피해자들에 대한 이러한 마음은 남자이든 여자이든, 정치적 미투에 반대하는 사람이든 찬성하는 사람이든, 페미니스트이든 반페미니스트이든 공통적으로 가지고 있는 인간애의 일환일 것이다. 보편적 인간성은 어떤 환경에서도 죽지 않는 것이다. 여기서 말하는 '보편적 인간성'은 맹자가 말한 '측은지심'과도 통하며, 인문학의 최종적 목표로 논해지는 연민, 예술에서 빛을 발하는 인간에 대한 연민과도 상통한다. 인간이라면 갖는 마음, 인간의 척도와 같은 그 마음은 영원불변하다. 다만, 성범죄 피해자를 비롯한, 작고 불쌍하고, 손상되었거나 손상되기 쉬운 모든 대상에 대한 연민은, 그것을 그렇게 만든 가해자에 대한 분노와 쌍을 이루게 된다. 페미니스트들은 미투를 조직하고 곰탕집 사건 등 모호한 사건을 범죄화하고 피해자 중심주의를 과도하게 내세움으로써 헛된 가해자들을 만들어냈다.

정치적 거짓 미투와, 성인지 감수성 등의 개념 오남용을 통한 실체적 진실 조작, 자신들이 가진 권력의 무오류성을 고집하기 위하여 성범죄로 둔갑시킨 무고 사건을 양산한 페미니스트들은 바로 이 연민의 감정을 가지고 장난을 친 것 아니겠는가. 이들은 무도했고, 오만했고, 자기기만적이었으며, 자아도취적 횡포를 저질러 수많은 사람들을 불행하게 하고도 아무런 책임조차 지지 않고 있다. 나는 이 책을 통해 그들에게 책임을 묻고 싶다.

자신들의 이익을 위하여, 죄가 불분명한 자를 향해 분노하도록 대중을 조종한 대가는 클 것이다. 페미니스트들이 내세운 피해자들은, 페미니스트들에게 가스라이팅을 당한 심리조종 피해자라고 볼 수 있는 측면도 있다. 그리고 페미니스트들은 자신들이 정한 방향으로 분노하지 않는 자, 즉 자신들의 살육전에 동참하지 않는 모든 이를 '인면수심'으로 몰아세우고, 폭력의 카르텔에 동참하는 이로, 숨 쉬는 악으로 매도했다. 앞서 들었던 맹자의 비유를 정 반대 의미로 사용한 것이다.

그들은 그런 방식으로 몇 건의 미투를 성공시켰고, 거기에서 파생된 권력을 지금까지도 누리고 있다. 그들이 누리는 권력이야말로, 그들이 주장하는 '공기 같은 성추행'처럼, 공기처럼 당연한 권력이라고 나는 본다. 그런 그들의 뻔뻔함이야말로, 숨 쉬는 악, 아니 범람하는 악이다.

중세 신비주의자 에크하르트는 신의 존재를 묘사하면서, 그릇에 포도주를 끝없이 부을 때 넘쳐나는 술, 영겁의 세월 동안 영원히 넘쳐나는 술이 곧 신이 행하는 쉼 없는 창조라고 설명했다. 나는 페미니스트 권력의 뻔뻔함을 떠올릴 때 에크하르트의 비유가 생각난다. 페미니스트들은 성 性의 신이다. 적어도 현재까지는 그렇다.

나는 페미니스트들에게 묻고 싶다. 당신들은 혹시 진정한 악에 대해서 아냐고. 당신들 너무 팔자 좋은 거 아니냐고 묻고 싶다. 실제 성범죄가 얼마나 끔찍한 것인지 안다면 그것을 팔아서 권력을 잡고, 피해자들을 차별하고 사건을 기획하는 몰염치한 짓은 못 할 것 같기 때문이다. 아니면 알면서도 그들이 추구하는 소위 대의를 위해서 외면하는 것인가.

마지막으로, 폭력의 역설에 대해 말하고 싶다. 폭력은 이미 행해져야만 발견된다. 페미니스트들은 폭력을 예방하겠다고 하지만, 그래서 교육을 하고 제도와 비동의 강간 등의 여성주의적 입법을 강화시켜야 한다고 주장하지만, 이는 소용 없는 짓이다. 저질러지고, 피해자가 파괴되어야만 사회의 수면 위로 올라오게 되는 것이 폭력의 본질적 속성이기 때문이다.

폭력이 행해지는 그 순간에, 가해자와 피해자는 원시 상태에 있지, 문명 상태에 있지 않다. 원시 상태의 참상을 발굴하여 문명 상태로 끌어올리는 것이 폭력과 싸우는 사람들의 의무일 것이다. 회의주의적인 발언일지 모르지만, 폭력은 예방할 수도 없고 교화할 수도 없는 악령의 DNA 같은 것이다. 우리는 피해자를 치유하고 폭력범들을 격리할 수 있을 따름이다. 폭력은, -내가 여기에서 비판한 페미니스트들의 무형의 폭력을 포함하여- 일반 사람들은 접근조차 불가한, 비유하자면 다크 웹 같은 것이다.

나의 글이 우리 사회가 정치적으로나 인간적으로나 조금 더 바른 길을 가는 데 보탬이 되었으면 좋겠다.

이 책은, 미투 사건의 내부자로서 문재인 정부 5년을 돌아보며, 죽음에 직면한 진보주의와 퇴행하는 사회를 저지하고자 하는 열망에 의해 쓰여진, 인간성의 회복을 바라며 쓰여진 글이다. 이 책은 폭력에 대한 나만의 대응일 수도 있고, 시사비평서일 수도 있고, 진실과 거짓 사이를 오가는 줄타기일 수도 있고, 그저 아마추어 작가의 에세이일 수도 있다. 어쩜 어떤 분류로도 설명이 어려운, 규정되지 않는 어떤 책일지도 모르겠다. 그러나, 나는 이 책을 우리 시대가 철저히 버려둔 어느 지점에 이렇게 남기고자 한다.

선하고 정의로운 사회, 인간에 대한 근원적인 연민을 포기하지 않는 사회를 간절히 바라기 때문이다. 어설픈 점이 많았겠지만, 너그럽게 읽어주셨기를 바란다.

〈끝〉